Rudolf Jacobs

»Nichts ist schwerer und nichts erfordert mehr Charakter als sich im offenen Gegensatz zu seiner Zeit zu befinden und laut zu sagen: NEIN!«

Kurt Tucholsky (1921)

Text der Inschrift:
Erleuchtet von der Göttin der Gerechtigkeit – Befreit aus der Unterwerfung –
Unter den bestialischen teutonischen Furor – War es nicht nur Fahnenflucht –
Sondern eine heroische Revolte – Die den Kapitän der deutschen Marine –
Rudolf Jacobs „Il Primo“ –
In die Reihen der Partisanen von Sarzana führte – Um sich zu opfern für Italien –
Für die Freiheit und ein ideales Vaterland – Am 3.November 1944

Ulrike Petzold

Rudolf Jacobs

Ein Bremer Partisan in Norditalien 1944

Eine Annäherung

Mit 144 Abbildungen

EDITION TEMMEN

Die Deutsche Bibliothek verzeichnet diese Publikation
in der Deutschen Nationalbibliografie; detaillierte bibliografische Daten
sind im Internet unter www.dnb.de abrufbar.

1. Auflage 2024

Hohenlohestr. 21
28209 Bremen
Tel. 0421-34843-0

info@edition-temmen.de
www.edition-temmen.de

Printed in Shanghai
ISBN 978-3-8378-1057-8

Inhalt

Vorwort

Dieses Buch ist ein Dokument über das Leben im faschistischen Deutschland, über das Kämpfen im Zweiten Weltkrieg und über das Desertieren und Sterben an der norditalienischen Front.

Ulrike Petzold beschreibt das Leben eines Bremer Jungen aus einer großbürgerlichen Familie bis zum Partisanenkampf gegen die deutsche Wehrmacht. Wir nehmen teil an der Biografie des Rudolf Jacobs, die den Untergang der Demokratie, die Zerstörung des Familienlebens und das verzweifelte Aufbegehren eines sensibel gebliebenen jungen Menschen umfasst.

Wer heute gegen Rechtsradikalismus aufsteht, kann hier lernen, was passiert, wenn dies Aufstehen zu spät kommt. Wir alle müssen mit dem Beispiel des Bremer Partisan Rudolf Jacobs hellwach werden und den Jungen Orientierung geben im Kampf um Demokratie, um Rechtsstaatlichkeit und Frieden in der Welt.

Ich selber bin über die Geschichtswerkstatt des Gustav Heinemann-Bürgerhauses in Bremen-Vegesack auf die Mordtaten der Wehrmacht in Italien aufmerksam geworden. Wir haben gemeinsam Marzabotto besucht. Bei dieser Gelegenheit bin ich auch mit meinem italienischen Kollegen Elvio Ubaldi in Parma bekannt geworden. Dort ist eine Straße nach Rudolf Jacobs benannt worden. Es kann für uns in Deutschland zum Vorbild werden, wie in Norditalien die Erinnerung an den Zweiten Weltkrieg lebendig gehalten wird.

In Bremen ist das Hermann-Böse-Gymnasium dafür ein vorbildliches Beispiel. Durch die gerade lebendig gewordene Schulpatenschaft mit dem Liceo Parentucelli-Arzelà in Sarzana geht das Bemühen um Erinnerung weiter. Bereits im Herbst 2023 waren Schülerinnen und Schüler des Hermann-Böse-Gymnasiums in Italien unterwegs auf den Spuren von Rudolf Jacobs, und in Herbst 2024 sind Jugendliche aus Sarzana zu einem Besuch in Bremen. Weitere Treffen sind in Planung - ein wunderbares Beispiel gelebter Erinnerung und Verständigung.

Dr. Henning Scherf
ehemals Bürgermeister
der Freien Hansestadt Bremen

Das Plakat

Diese Geschichte beginnt im Sommer 2018 am Bahnhof des italienischen Dörfchens Framura an der ligurischen Küste nahe den berühmten Cinque Terre. Ich warte am Bahnhof, der direkt neben dem Ufer des Meeres liegt, auf den Zug, um zu einer Wanderung zu starten. Neben dem Fahrplan »Genua - La Spezia« fällt mein Blick auf ein kleines vergilbtes Plakat, Hinweis auf eine Veranstaltung, die ewa 1 Jahr zuvor hier im Dorf stattgefunden hat. »Rudolf Jacobs, Brema, Wehrmacht, Partigiano« steht da, daneben das Foto eines dunkelhaarigen Mannes, vielleicht Mitte dreißig, mit markanten Gesichtszügen. Ich stutze. Ein Bremer Soldat, der hier bei den italienischen Partisanen war? Wer war das? Seit Jahrzehnten lebe und arbeite ich in Bremen und habe noch nie etwas über diesen Deutschen gehört, der aber hier, in einem kleinen ligurischen Dorf, Thema einer Veranstaltung ist, fast achtzig Jahre nach Kriegsende.

Erneut begegne ich diesem Bremer fünfzig Kilometer von meinem Urlaubsort entfernt, bei einem Besuch im Städtchen Sarzana in der Nähe der Hafenstadt La Spezia. An der Piazza San Giorgio entdecke ich an einem etwas heruntergekommenen, ehemals repräsentativen Gebäude eine marmorne Skulptur an einer Portalsäule: Ein Mann ringt mit einer gewaltigen Krake, darunter die Inschrift: »Rudolf Jacobs-Il Capitano della Marina Germanica - Rudolf Jacobs, il Primo.«[1] Und weiter: »Er hat sich geopfert für Italien, für die Freiheit, für ein ideales Vaterland - am 3. November 1944.« Der Bremer von dem Plakat im Bahnhof von Framura ist also 1944 hier gestorben. Und er wird offenbar als Held verehrt.

Zurück in Bremen lässt mich dieser Rudolf Jacobs nicht los. Ich lerne Gerd Meyer kennen, den ehemaligen Leiter des Gustav-Heinemann-Bürgerhauses in Vegesack[2]. Er hat sich jahrelang mit der Geschichte von Jacobs befasst und nimmt mich mit ins Foyer des Bürgerhauses zu einer kleinen Statue für den »unbekannten Deserteur«. Daneben blickt es mich wieder an: Das entschlossene Gesicht von Rudolf Jacobs, auf einer kleinen Tafel, eingeweiht 2014. »In Italien ist der Mann hochgeehrt, in Parma ist sogar eine Straße nach ihm benannt, und in Bremen haben wir es gerade zu dieser kleinen Tafel gebracht«, sagt Gerd Meyer, der sich für diesen kleinen Gedenkort jahrelang stark gemacht hat.

Oben: Plakat im Bahnhof von Framura

Unten: Gedenkstatue an der Villa Laurina, Sarzana

Gedenktafel für Rudolf Jacobs im Bürgerhaus Vegesack

Ein Plakat, eine Statue, eine Gedenktafel - drei Hinweise auf den Bremer Rudolf Jacobs. 1310 Kilometer und bald achtzig Jahre liegen zwischen den Ereignissen in Ligurien und im Bürgerhaus Vegesack. Und fast 80 Jahre müssen vergehen, bis 2022 am Bremer Hermann-Böse-Gymnasium eine Gedenktafel an den Wehrmachtssoldaten und Partisanen erinnert, den bis dahin in Bremen kaum jemand gekannt hat.

Die Geschichte der dramatischen Lebensentscheidung dieses jungen Bremers soll hier erzählt werden. Und mit ihr die Geschichte des Krieges in Norditalien unter deutscher Besatzung, die des Terrors der Wehrmacht und der SS gegen die Zivilbevölkerung und des Widerstandes der italienischen Resistenza. Das Leben einer Bremer Architektenfamilie wird nachgezeichnet und das ihres Sohnes Rudolf und dessen junger Familie zwischen Deutschland und Italien. Eine Annäherung an ein besonderes Schicksal, das in Bremen mit dem Ersten Weltkrieg beginnt und wenige Wochen vor Ende des Zweiten Weltkriegs in Italien jäh enden wird. Eine Geschichte, die in einem Haus am Markt mit Blick auf den Bremer Roland ihren Anfang nimmt.

Ein Bremer Junge

Haus am Markt 15-16, 1935

Bremens berühmte Mitte: Tausendmal habe ich den Marktplatz überquert, habe ihn Gästen gezeigt und vor allem abends das einzigartige Ensemble von Rathaus, Dom, Roland und Schütting bewundert, natürlich auch die berühmten Giebelhäuser, die den Markt Richtung Westen abschließen. Sie tragen die Handschrift des Bremer Architekten Heinrich Rudolph Jacobs, Jahrgang 1879. Zum Beispiel das Eckhaus zur Obernstraße, das »Deutsche Haus« mit der bekannten Inschrift »Gedenket der Brüder, die das Schicksal unserer Trennung tragen«. 1955 wird es dort angebracht auf Vorschlag von Bürgermeister Wilhelm Kaisen.[3] An der Seite findet sich der Hinweis auf den Architekten des gesamten Komplexes mit seinen drei Giebeln im Renaissancestil. Auch schräg gegenüber hat Heinrich Jacobs das damalige Haus »Zum Roland« umgebaut, ein historischer Gebäudekomplex zwischen Baumwollbörse und Schüttung. Unten das Restaurant »Zum Patzenhofer« und die »Staatliche Lotterieannahme«.

Hier, Am Markt 15–16, kommt am 26. Juli 1914 Rudolf Heinrich Otto Max zur Welt. Die Eltern, Heinrich Rudolph und Frieda, sind gerade vom Altenwall 7 in die »gute Stube« der Stadt gezogen. Aus dem Fenster kann der kleine Junge den Bremer Roland grüßen und direkt aufs Rathaus schauen. Hanseatischer geht es nicht.

Eine Woche nach Rudolfs Geburt, am 1. August 1914, erklärte das Deutsche Reich dem russischen Zarenreich den Krieg. Der Erste Weltkrieg beginnt. »Venuto al mondo nella anticamera del inferno«, schreibt Carlo Greppi, der Turiner Historiker, über diesen Start ins Leben, zur Welt gekommen im Vorraum des Infernos,[4] »nato sotto una stella armata«, geboren unter einem Stern in Waffen.

Taufschale für Rudolf Jacobs

Der Vater ist erfolgreich, hat zahlreiche Bauten entworfen, die noch im 21. Jahrhundert Bremens Stadtbild prägen: Villen im Stadtteil Schwachhausen[5], das »Parkhaus«, später »Parkhotel« am Bürgerpark, den Lloyd-Bahnhof an der Gustav-Deetjen-Allee und auch die Kassenhalle der ehemaligen Sparkasse am Brill. Aber seit Kriegsbeginn bleiben die Aufträge aus. Das ganze Land wird auf Kaiserreich, Vaterland und Sieg eingestimmt, die Schulen, die Medien, die Marktplätze. Wäre Rudolf ein paar Jahre älter, müsste er in der Schule patriotische Lieder schmettern und die Frontverläufe auf Karten nachziehen. Das tägliche Leben heißt: Preisanstieg, Schlange stehen, Hamstertouren aufs Land, Hunger, vor allem im eiskalten Steckrüben-Winter 1916/17. Auch die gut gestellte Familie Jacobs muss sich einschränken.

Mit Kriegsende beginnen Streiks in allen großen Betrie-

ben, bei der AG Weser, der Bremer Vulkan-Werft, den Atlas Lloyd-Werken. Es geht hoch her in der Stadt, die Polizei räumt Straßenbahnen, löst Umzüge auf, Soldaten und Arbeiter demonstrieren in der Obernstraße und auf dem Marktplatz.[6]

Am 15. November 1918 können die Jacobs von ihrem Fenster aus beobachten, wie die Arbeiter- und Soldatenräte gegenüber auf dem Rathausbalkon die rote Fahne hissen. Sie haben den bürgerlichen Senat entmachtet und am 10. November die »Sozialistische Republik in Bremen« ausgerufen, die sie nun von der Baumwollbörse aus regieren. Sie gründen Volkskommissariate, und eines, das für »Schul- und Bildungswesen«, wird Hermann Böse übertragen, dem Musiklehrer am Bremer Realgymnasium an der Kaiser-Friedrich-Straße.[7] Der leidenschaftliche Reformpädagoge und Leiter des Arbeitergesangvereins gründet auch eines der größten Schulorchester in ganz Deutschland, in dem bald über 250 Schülerinnen und Schüler spielen. Er gibt Klavier- und Orgelkonzerte, dichtet und komponiert, engagiert sich für seine Schüler und ist allseits beliebt und geachtet. Zunächst engagiert er sich in der SPD, dann tritt er 1918 der KPD bei.

Oben: Das Parkhaus im Bürgerpark, heute Parkhotel

Unten: Heinrich Rudolph Jacobs

Der kleine Rudolf weiß natürlich nicht, dass auch er bald bei Hermann Böse Singen und Noten lernen wird, am Bremer Realgymnasium. Und dass fast neun Jahrzehnte nach dem Ersten Weltkrieg, ab 2005, diese Schule den Namen des Lehrers tragen wird.[8]

Die Räte-Revolution ist bald am Ende, in Berlin, Kiel, München und ganz schnell an der Weser. In Bremen rücken die Division Gerstenberg[9] und das Freicorps Caspari an, und am 4. Februar 1919 wird die Bremer Räterepublik blutig niedergeschlagen.[10]

Einige Monate später kommt Rudolf in die Schule. Die Familie ist inzwischen vom Markt an den Dobben 98 gezogen, in das Eckhaus zur Humboldtstraße mit dem Einhorn über der Tür.

Nun läuft der sechsjährige Junge jeden Morgen mit Tornister, Griffel und Schwämmchen über die Straße »Auf den Häfen«, durch die Albrechtstraße und dann nach links zur Volksschule »Beim Steinernen Kreuz« Nr. 9.

Familie Jacobs bekommt Nachwuchs: Am 14. März 1925 wird Marie-Luise geboren. Rudolf hat nun ein acht Jahre jüngeres Schwesterchen.

Das väterliche Architekturbüro erhält wieder Aufträge, entwirft den berühmten Bacchus-Keller im Rathaus und zeichnet verantwortlich für das Postamt 5 am Bahnhofsplatz und den Columbus-Bahnhof in Bremerhaven.[11]

Vor allem aber errichtet Vater Jacobs 1927 seine eigene Villa im Stadtteil Schwachhausen, in der Friedrich-Mißler-Straße 10: Als einziges Haus der Straße ist es zurückgesetzt auf ansteigender Gartenfläche. Hier kann der renommierte Architekt ganz standesgemäß ein wenig auf die Nachbarn hinunterschauen. Hier wohnt die Familie bis 1945.

Im Sommer 2021 mache ich mich auf in die Friedrich-Mißler-Straße, gegenüber vom Focke-Museum. Wenige Tage später sitze ich bei Arend und Hella Grashof, seit 1975 Eigentümer des Jacobs-Hauses, am Teetisch: Zartes Porzellan, feines Buttergebäck, Blick in den Garten, er Anwalt im Ruhestand, in Jackett und weißem Hemd, sie pensionierte Lehrerin und Museumspädagogin, in rosafarbenem Twinset und dunkler Hose - ein gediegenes hanseatisches Paar in den Achtzigern.

Ganz klar, erzählen sie, Architekt Jacobs hat hier seinen Repräsentationsbau errichtet. Vorne prunkvoll mit aufwendigem Sandstein, Klinker und Dreiecksgiebel mit dem »Jacobs-Hirsch«, eine kunstvolle Intarsienarbeit.[12] Für die Rückseite genügt dem Bauherrn einfacher Backstein. 1945, nach dem Ende des Zweiten Weltkriegs, beschlagnahmen die amerikanischen Besatzer das Herrenhaus, und der US-Bildungsoffizier richtet in den Wohnräumen eine Zentrale für den Neuaufbau des Bildungswesens im zerstörten Bremen ein.[13] Die Jacobs müssen ausziehen und wohnen mit der befreundeten Familie Bolten beengt im Hinterhaus, in dem früher der Architekt sein Büro hatte.[14] Bald nach seinem frühen Tod 1946 ziehen Mutter und Tochter Jacobs mit den Boltens nach Hamburg. Nach dem Weggang der Amerikaner vermieten sie die Villa an das norwegische Konsulat, das bis 1975 hier residiert. Dann kauft Familie Grashof das Haus. Die Schwester von Rudolf Jacobs sei zur Beurkundung des Kaufvertrages in mondänem Aufzug erschienen, erinnern sich die beiden: Handschuhe, Hut und Schleier.

Oben: Rote Fahnen am Rathaus 1918
Mitte: Die Jacobs Villa Friedrich-Mißler-Straße 10
Mitte: Eckhaus am Dobben 98
Unten: Postamt 5, Bahnhofsplatz, 1923-26

Die Grashofs führen mich herum: Das kunstvoll geschnitzte Treppengeländer, die aufwendigen Kaminverzierungen mit Adam, Eva und der Schlange und den Initialen des Hausherrn.

Rudolf und seiner Schwester Marie-Luise wird es in der Villa gefallen haben: Vorn die große Wiese, nach hinten nur noch Felder, Wiesen und Brachland, im weitläufigen Haus Winkel und Nischen - ein Kinderparadies.

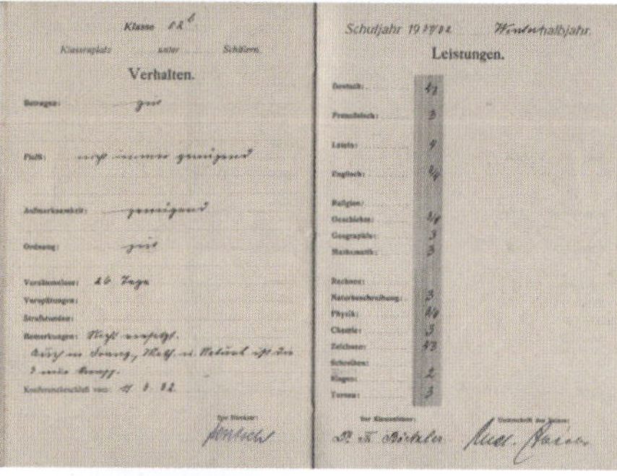

Klasse

Klassenplatz unter Schülern.

Verhalten.

Schuljahr 19

Leistungen.

1925 wechselt der Junge aufs Gymnasium, in die »6b« des Bremer Realgymnasiums an der Kaiser-Friedrich-Straße. Gut möglich, dass er in den Pausen Peter Weiss über den Weg gelaufen ist, dem späteren Schriftsteller und Maler, Autor des berühmten Werks »Ästhetik des Widerstandes«, der mit seiner Familie einige Jahre in Bremen lebt und von 1927 bis 1930 auch diese Schule besucht hat, zwei Klassen über Rudolf. In jedem Fall hat er nun Unterricht bei Musiklehrer Böse.

Rudolfs Noten sind mittelmäßig, auch mal im letzten Leistungs-Quartal der Klasse. Die Rangfolge ist in dieser Zeit im Zeugnis vermerkt. Mit vierzehn[15] steckt er in der Pubertät, die eine oder andere Drei ist »nur knapp«, nach heutiger Wertung »Vier minus«, denn die Noten gehen nur von Eins bis Fünf. Immer mal wieder tragen die Lehrer bei der Kopfnote »Fleiß und Aufmerksamkeit« ein »Nicht genügend« ein. Hat Rudolf getuschelt mit seinem Banknachbarn? Oder hat er geträumt, zum Beispiel von Schiffstouren in ferne Länder? Da will er später mal hin: auf die Weltmeere.

Im Winter 1931/32, in der zwölften Klasse, bleibt Rudolf sitzen, in dem Jahr, in dem Adolf Hitler eine Brandrede im Weserstadion hält, das bald »Bremer Kampfbahn« heißen wird und in dem statt sportlicher Wettkämpfe Fackelaufmärsche und Propagandaveranstaltungen organisiert werden. Ob der Siebzehnjährige dort hingegangen ist? Ob er sich für Politik interessiert hat? Die Erinnerungen der Nachfahren sprechen eher dafür, dass sich die Familie von den Nazis ferngehalten hat wie viele bürgerliche Familien in Bremen, die zunächst zurückhaltend auf den Aufstieg der Nationalsozialisten reagieren. Auch Jacobs Senior beobachtet mit wachsender Sorge die politische Entwicklung.

Am 24. September 1932 schmeißt Rudolf hin und verlässt das Gymnasium mit dem Zeugnis der »2b«, also der zwölften Klasse. Als Berufswunsch ist im Abgangsdokument vermerkt: Seemann.

Dazu rät ihm auch der Vater, der in diesen Jahren vor allem Wohnhäuser entwirft, aber auch die Hohentorskirche in der Bremer Neustadt, die im Leben des Sohnes noch eine Rolle spielen wird. Es ist ganz in seinem Sinne, dass der Sohn bei der Handelsmarine lernt. Die Bremer Häfen und Schifffahrt genießen Weltruf und stehen für hanseatische Tradition. Die Ausbildung dort verspricht Sicherheit und Aufstiegsmöglichkeiten.

Gut einen Monat nach der »Machtergreifung« von Adolf Hitler am 30. Januar 1933 übernehmen die Nationalsozialisten auch in Bremen die Regie. Vielleicht hat der Achtzehnjährige zugeschaut am 6. März 1933, als rechte Demonstranten auf

Oben: Innenansicht Friedrich-Mißler-Straßee. Detail Sündenfall Kamin

Mitte: Rudolfs Zensurenbuch: »Nicht versetzt«

Unten: Roland mit Hakenkreuzfahne, 1933

dem Marktplatz den Rücktritt des Senats fordern, als sie dem Bremer Roland eine Hakenkreuzfahne aufs Wappen hängen und als wenige Stunden später die NS-Flagge aus dem Rathaus flattert? Bald danach, schon am 20. März, wird Adolf Hitler die Ehrenbürgerschaft Bremens verliehen. Aber wahrscheinlich hat das Rudolf nicht weiter interessiert, denn schon eine Woche später, am 13. April 1933, hat er das Seefahrtsbuch der Handelsmarine in der Tasche. Er packt seinen Seesack.

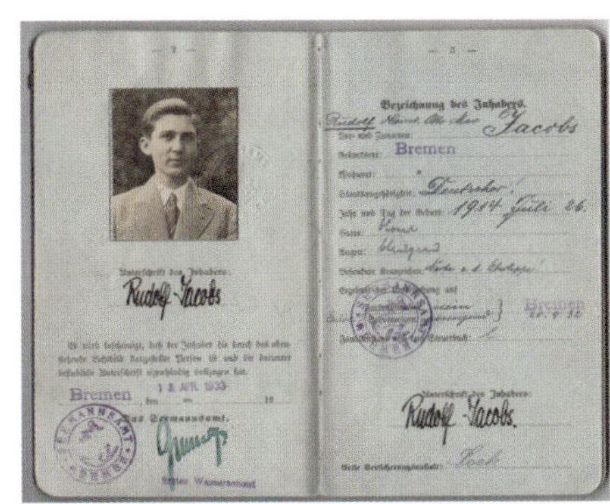

Auf dem Foto im Seemannsbuch blickt ein etwas schüchterner junger Mann mit zögerlichem Lächeln in die Welt, schick im Fischgrät-Anzug mit breitem Revers, das volle Haar in großer Welle nach hinten gekämmt.

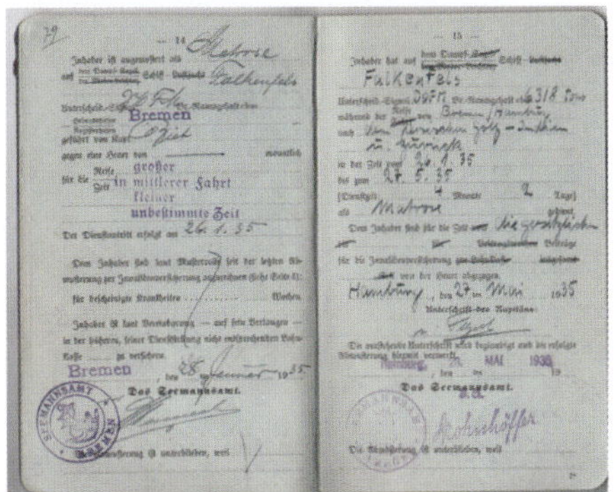

Dienstantritt ist am 5. April 1933 auf dem Schulschiff »Deutschland«, sicher bereits mit Hitlergruß an Bord. Wahrscheinlich hat er von seinen Eltern gehört, dass Mitglieder des NS-Studentenbundes in einer »Aktion wider den undeutschen Geist« am 10. Mai 1933 abends auf dem Spielplatz an der Waller Nordstraße Bücher, Transparente, Schriften und Fahnen verbrannt haben, als Auftakt zu den Bücherverbrennungen in ganz Deutschland.

Rudolf ist zunächst als Schiffsjunge auf Nord- und Ostsee unterwegs, aber bald geht es auf große Fahrt: Im September 1934 tritt er als Leichtmatrose auf dem Dampf-Segelschiff »Falkenfels« der Deutschen Dampfschifffahrtgesellschaft »Hansa« an, eine der bedeutendsten Reedereien damals. Es geht zum Persischen Golf und nach Indien

Von einer dieser großen Fahrten bringt Rudolf seiner Schwester Marie-Luise einen silbernen Armreif mit schwarzen Intarsien mit. »Den hat sie oft getragen und ihr ganzes Leben aufbewahrt«, erinnert sich ihr Sohn Gerhard Bolten-Jacobs[16] ungefähr 100 Jahre später. »Marielise« habe ihren Bruder geliebt, sagt der Cousin von Rudolf, ein Hamburger Architekt – ganz Familientradition.

Rudolf ist weit weg von der Heimat, als Hitler, nunmehr Führer und Reichskanzler, den Stapellauf des Ostasiendampfers Scharnhorst bei der AG Weser zur Propagandaschau nutzt. Und auch von der großen »Leistungsschau der Bremer Wirtschaft«, der sogenannten »Braunen Messe« auf der Bürgerweide, kann er nur gehört haben.

Auch 1935 ist Rudolf im Persischen Golf und Indien auf hoher See. Hier enden die Einträge im

Oben: Das Seefahrtsbuch

Mitte: Seefahrtsbuch

Mitte: Porträt R. Jacobs als Matrose 1935

Unten: Das Segeldampfschiff »Bärenfels« DDG »Hansa«

Seefahrtsbuch. Der 21-Jährige ist nun Matrose und hat seine Berufserfahrung gesammelt auf den legendären Hansa-Segeldampfschiffen Bärenfels, Frankenfels und Trautenfels.

Die nächste Etappe in der Marine-Ausbildung absolviert er »an Land« in der Seemannsschule Hamburg-Finkenwerder, die Jacobs ungefähr zwei Jahre später abschließt.[17] Aber nun meldet sich das Militär bei dem Matrosen der Handelsmarine. Er wird einberufen[18] und muss regelmäßig zu Wehrübungen[19] bei der Kriegsmarine antreten, meist in Bremen und Wilhelmshaven.

Einen ganz anderen Ton erlebt er hier, zum Beispiel während des halben jahres bei der Minensuchflottille »M110« in Wilhelmshaven und Kiel.[20]

Im Album, das Rudolf liebevoll für seine Eltern zusammenstellt, hat er die Fotos mit säuberlichen Einträgen in gestochen feiner Schrift versehen. Auf einem ist seine Einheit in Uniform unter Hakenkreuzfahnen angetreten zur Einweihung eines Marine-Ehrenmals. Ob ihm diese völkische Inszenierungen wohl gefallen haben, oder ob er sich dabei unwohl fühlte?

Sein Alltag bewegt sich nun zwischen großer Fahrt auf dem Handelsfrachter und Wehrübungen bei der Kriegsmarine. Ab Mai 1936 werden die Rekruten auch hier auf die NS-Ideologie eingeschworen und zur »intensiven Pflege des Rassegedankens« verpflichtet als »Kernpunkt der nationalsozialistischen Staatsauffassung«.[21] Hat er an freien Tagen mit den Eltern darüber gesprochen? Von ihnen jedenfalls berichten die Nachfahren, dass sie sich von der NSDAP ferngehalten haben. Der Vater ist nie Parteimitglied gewesen.[22]

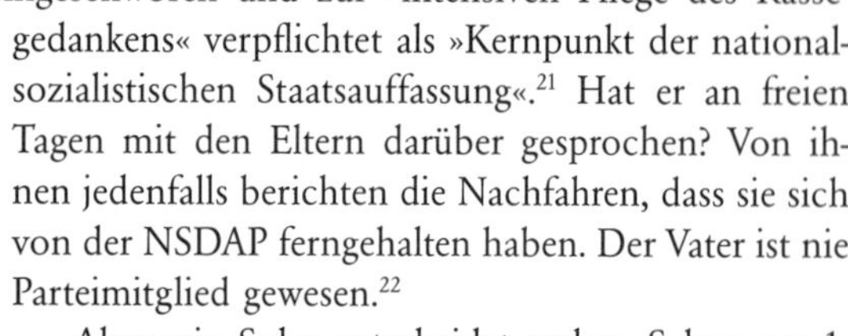

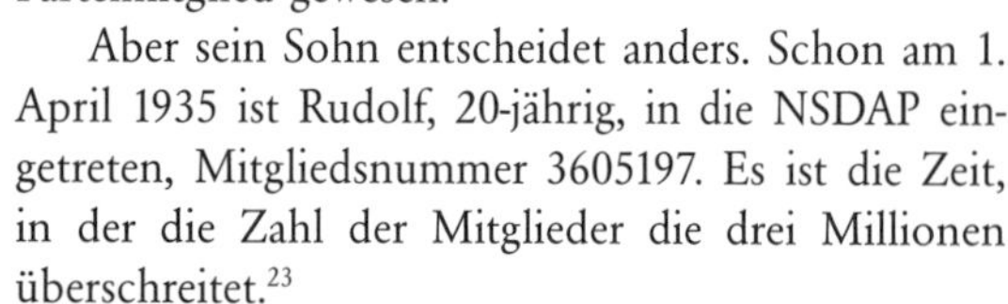

Aber sein Sohn entscheidet anders. Schon am 1. April 1935 ist Rudolf, 20-jährig, in die NSDAP eingetreten, Mitgliedsnummer 3605197. Es ist die Zeit, in der die Zahl der Mitglieder die drei Millionen überschreitet.[23]

Haben militärische Disziplin und Kameradschaft auf See Faszination auf ihn ausgeübt? Wird er mitgerissen von Kameraden, die den Parteiausweis schon haben? Oder soll ihm das Parteibuch lediglich den Werdegang bei der Marine erleichtern?

Die Nachfahren der Familie Jacobs haben nie die Parteimitgliedschaft erwähnt, sei es aus Unwissenheit, sei es aus dem Wunsch heraus, das Andenken des Vaters

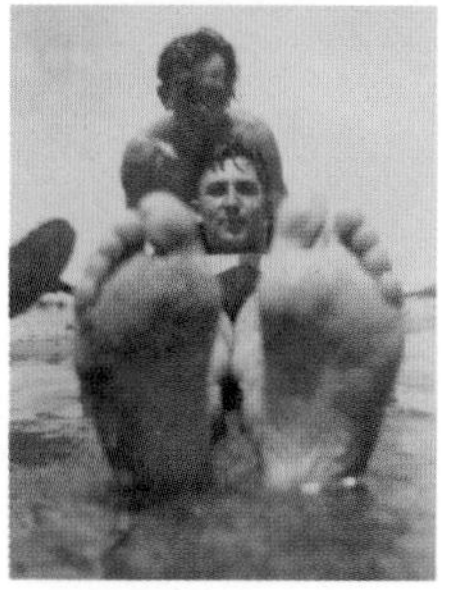

Oben: Rudolf als Matrose bei der Minensuchflottille

Mitte: Ausschnittvergrößerung

Mitte: In der Hängematte

Unten: Auf hoher See im Boot

und Großvaters zu schützen. In jedem Fall ist Rudolf aus dem gesellschaftlichen Grundverständnis seiner Familie ausgeschert. Allerdings liegen keinerlei Hinweise auf Partei-Engagement des jungen Jacobs vor, auf besondere Führungsaufgaben, Teilnahme an Aufmärschen oder Versammlungen. Er wird ein passives Mitglied gewesen sein. Zudem ist er ja nur selten in Bremen, denn der junge Matrose sticht immer wieder in See und lernt die Welt kennen. Mit der Bärenfels nach Teneriffa, Brasilien, London, Port Said, Dschidda, Arabien, Malta und nach Gibraltar. Währenddessen prägt die NS-Diktatur das Leben in Bremen: 1936 wird Heinrich Himmler, Reichsführer SS, als Ehrengast zum Schaffermahl eingeladen[24]. Die NS-Führung treibt den Bau der Autobahn nach Hamburg voran[25], vollzieht die Gleichschaltung der Presse unter dem Namen »Bremer Zeitung«, nimmt Gegner der Diktatur in Schutzhaft oder quält sie unter Gestapo-Regie in der Ostertorwache. Die ersten Konzentrations- und Arbeitslager entstehen.

Als die Bärenfels mit Jacobs an Bord wieder an der Weser anlegt, haben die Nationalsozialisten die Parkallee auf der Rückseite seiner Schule in »Franco-Allee« umbenannt, der »Stern« heißt nun »Spanien-Platz«, und die Parkstraße ist nach der Legion Condor benannt.[26] An seiner alten Schule nimmt im Oktober 1937 ein Lehrer unter der Aktennummer 10/22 schriftlich Anstoß daran, »dass die in das Realgymnasium Kaiser-Friedrich-Straße gehenden jüdischen Schüler an den Schulfeiern teilnehmen, die deutsche Fahne mit dem deutschen Gruß grüßen und auch die Lieder der Nation mitsingen«.[27]

Rudolf ist mehr mit Fock und Gaffelsegel beschäftigt, denn 1937 ist er dreimal als Hochsee-Segler unterwegs, auf der »Wappen zu Bremen« vor der Küste Englands, bei Amrum, Borkum und Wilhelmshaven.[28] Nebenbei legt er noch die Prüfung zum Sportseefischer ab.[29]

Auf den Weltmeeren unterwegs sein – das hat ihm immer offenbar viel mehr Spaß gemacht, als die Schulbank zu drücken oder sich um Politik zu kümmern. Davon erzählen auch die Fotos in seinem Album: Schlafen in der Hängematte, Bootsausflüge in Afrika, Streiche mit den Kameraden, vielleicht ein Flirt beim Landgang, Akkordeonmusik und Lesestunden abends unter Deck.

23 Jahre alt ist Rudolf – aber nun träumt er nicht mehr allein von großer Fahrt und exotischen Orten, sondern von Herta, der dunkelhaarigen Bauerntochter aus dem Alten Land. Während eines Heimaturlaubes hat er sie kennengelernt. Der junge Matrose ist verliebt.

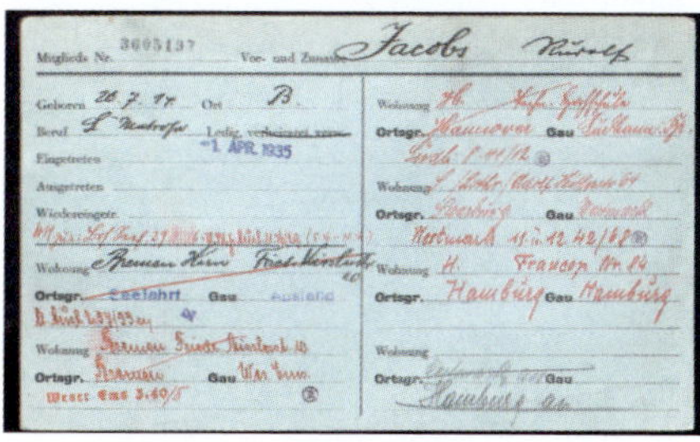

Mitglieds Nr. 3605137 Vor- und Zuname Jacobs Rudolf

Geboren 26.7.14 Ort B.

Beruf Matrose Ledig, verheiratet

Eingetreten 1. APR. 1935

Ausgetreten

Wiedereingetr.

Wohnung Bremen

Ortsgr. Seefahrt Gau Ausland

Wohnung

Ortsgr. Gau

Wohnung

Ortsgr. Hannover Gau

Wohnung

Ortsgr. Gau

Wohnung H. Francop Nr. 84

Ortsgr. Hamburg Gau Hamburg

Wohnung

Ortsgr. Gau

Hamburg

Oben: Antreten unter NS-Fahne Kiel

Mitte: NSDAP-Gaukartei

Unten: NS-Kameradschaft Weihnachten 1934 auf See, Suez

Sohn und Vater – Vater und Sohn

Pastor Richtmann's Trauspruch 1938

Eine Radtour in die Bremer Neustadt zur evangelischen Hohentorsgemeinde. Der Innenhof beschattet von einer mächtigen Hainbuche, ihr silbriger Stamm umringt von verwitterten Holzsitzen. Gegenüber die schlichte Backsteinkirche. Der seitlich eingebaute Glockenturm von 1965 erinnert an den im Krieg zerstörten Vorgänger-Bau mit gestuftem Giebel und schlankem Turm an der Seitenfront, damals eine bauliche Innovation des Architekten Heinrich Jacobs.[30]

Möglicherweise geben sich der Sohn und seine Verlobte Herta genau deshalb hier am 30. April 1938 das Jawort und nicht im Stadtteil Schwachhausen, wo die Familie lebt.

Pfarrer Adolf Richtmann[31] traut die beiden mit einem Bibelspruch aus dem Lukas-Evangelium: »Nur wer im Kleinen treu ist, wird es auch im Großen sein.« Vielleicht stehen die beiden nicht nur wegen des Vaters vor diesem Altar, sondern auch, weil sie sich genau von diesem Pfarrer trauen lassen wollen, denn Pfarrer Richtmann ist als Gegner des Nationalsozialismus aufgefallen. Er hat im Konfirmandenunterricht das Gleichnis vom barmherzigen Samariter besprochen und angedeutet, auch Juden seien anständige Menschen. Das sorgt für Aufruhr, denn mit solchen Sätzen hält sich Richtmann nicht an die neuen Regeln seiner Kirche, die sich unter dem Namen »Deutsche Christen« dem NS-Regime unterworfen hat und sich als Stützpfeiler der Diktatur erweist. So ist angesichts der liberalen Grundhaltung im Hause Jacobs denkbar, dass die mutige Haltung von Pastor Richtmann der Familie imponiert hat. Vielleicht wollte das junge Paar keinen nationalsozialistisch gefärbten Ehe-Segen.

Hochzeitsfoto Rudolf Jacobs und Herta, geb. Jacke

Der Bremer Pfarrer Adolf Richtmann

Im Landesarchiv der Bremischen Evangelischen Kirche am Franzius-Eck studiere ich die Akte dieses Pfarrers:[32] *Er wird 1938 in die Martinigemeinde gewählt, aber noch vor Amtsantritt vom Bremer Bischof Heinrich Weidemann in die Hohentorsgemeinde berufen.*[33] *Schon bald nach der Hochzeit von Rudolf und Herta, am 7. November 1938, versetzt ihn die nationalsozialistische Kirchenleitung in den sogenannten »Wartestand«, ein faktischer Rausschmiss wegen seiner Äußerungen, dass auch Juden gute Menschen sein können. Es folgt ein Strafverfahren auf Grundlage des NS-»Heimtücke-Gesetzes«*[34]. *Richtmann wird zu neun Monaten Haft verurteilt, die er zum Teil im Konzentrationslager Sachsenhausen zubringt. Dort sind neben anderen Gefangenen auch 230 Geistliche inhaftiert, darunter Martin Niemöller. Bischof Weidemann exponiert sich weiter, schwärzt Amtsbrüder wegen vaterlandsloser Gesinnung bei Hermann Göring an, weil diese ein paar Glocken vor der Einschmelzung bewahren wollen. Richtmann muss nach seiner Entlassung eine Pfarrstelle in Himmelpfort in Brandenburg annehmen. Nach 1945 bemüht er sich für den Rest seines Lebens in zahllosen Briefen, Bewerbungen und Bittschriften um Rehabilitierung und Wiedereinstellung in Bremen, wenigstens in Westdeutschland. Vergebens. Die Antwortbriefe und Protokolle der Bremer Kirchenführung zeichnen auch nach dem Krieg ein diffamierendes Bild des Pastors. Am 16. März 1946 erkennt ihn das Landratsamt von Templin, SBZ[35], später DDR, als Opfer des Nationalsozialismus an und informiert darüber die Bremer Kirchenleitung. Auch dies lässt die Kirchenoberen ungerührt. Als Richtmann sich im August 1946 auf eine frei werdende Pfarrstelle in »seiner« Hohentorsgemeinde bewirbt, wird er erneut abgelehnt, nunmehr unter Verweis auf sein »vorgerücktes Alter«. Der Erste, der den Umgang mit Richtmann einen Skandal nennt, ist Pfarrer Reusche aus Bremen-Oberneuland [36]: Erst habe man unter Nutzung von NS-Gesetzen gegen ihn, ein Opfer des Regimes, argumentiert, später ihn dann abgewimmelt unter Verweis auf Alter, Augenleiden und die bedrohte DDR-Kirche, die er nicht im Stich lassen dürfe.[37] Allmählich erst ändert sich der Ton. Richtmann, der, inzwischen fast erblindet, als Ruheständler in Worms lebt, wird die kleine DDR-Rente aufgestockt, und nach weiterer Kritik einzelner Pastoren folgt am 21. August 1956 seine Anerkennung als Verfolgter des NS-Regimes auch im Westen, 1958 eine Wiedergutmachung. Er erkrankt schwer, verliert sein Augenlicht und stirbt in Horsham, Sussex, England, bei seinen Kindern.[38]*

Dass der Erstgeborene der renommierten Familie Jacobs nicht ganz standesgemäß ein Bauernmädchen vom Lande heiratet und dass außerdem der einjährige Sprössling Rudolf Junior bei der Hochzeit schon allein zum Altar laufen kann und erst nachträglich beim Standesamt für ehelich erklärt wird, stößt in der Familie nicht gerade auf Begeisterung. Das erzählen die Nachfahren, z. B. Rudolf Jacobs' Neffe Gerhard Bolten-Jacobs: »Die Jacobs, eine angesehene, großbürgerliche hanseatische Familie! Der Vater ein Architekt mit Einfluss und Erfolg, ein Mann, der kein Blatt vor den Mund nahm. Wenn ihm ein Neubau in der Hansestadt nicht gefiel, hat er dies laut auf der Straße kundgetan«, erinnert sich Bolten-Jacobs. »Dieser Vater, ein Bürger mit Distanz zu den Nazis, nicht in der NSDAP! Er hätte nach dem Krieg Vorsitzender der Architektenkammer, der Baubehörde werden können, für den Wiederaufbau der Stadt, weil er unbelastet war.«[39]

Rudolf junior in Hamburg-Rosengarten 2019

Der kleine Rudolf Junior, der bei der Hochzeit

FREUDE SPRICHT AUS DIESEN SEITEN ;
FREUDE SOLL'N SIE DIR BEREITEN !
DRUM VERGISS DEN KUMMER DEIN ,
LACHEN SOLLST DU , FRÖHLICH SEIN !
UND WIR WÜNSCHEN DIR VON HERZEN :
FERNE SEI'N DIR ALLE SCHMERZEN !
SEI , ALS WÄRST DU NOCH GANZ KLEIN ,
WIEDER „UNSER SONNENSCHEIN !"
HEUT' NOCH SCHÜTZT DICH UNS'RE LIEBE
VOR DEM BÖSEN WELTGETRIEBE .
ABER EINMAL BIST DU GROSS ,
STEHST IM LEBEN FÜHRERLOS .
DANN , BUB , KOMMT ES DARAUF AN ,
DASS DU BIST EIN GANZER MANN !
DAS SOLL UNSER STREBEN SEIN :
BLEIBE „UNSER SONNENSCHEIN !" –

Oben: Rudolf Jacobs mit Sohn Rudolf

Mitte: Sinnspruch aus dem Familienalbum

Unten: Ausflug mit den beiden Söhnen Wilhelm und Rudolf

der Eltern schon dabei ist, hat inzwischen die Achtzig überschritten. Im Sommer 2018 bin ich bei ihm in Hamburg-Rosengarten eingeladen. Der 2. August, ein warmer Tag, Kaffee und Butterkuchen auf dem großen Esstisch, Blick in den Garten mit Birken, Rosen und Hortensien. Herzlich werde ich empfangen von dem älteren Herrn in Cordhosen und blauem Pullover. Am Tisch drei Generationen: Jacobs, seine Tochter Claudia, Lehrerin, und Enkelin Silvia, Physiotherapeutin. Rudolf, der Erstgeborene des Bremer Marinesoldaten, trägt den Namen seines Vaters, und auch er ist Architekt. Und sogar im Alter[40] ähnelt er ihm: schlanke Gestalt, immer noch volles Haar, blaue Augen. Lebhaft, gefühlvoll, mit kräftiger Stimme erzählt er. Am Tisch ist spürbar, wie präsent die Geschichte seines Vaters ist, auch wenn er erst sechs Jahre alt war, als sein Vater in den Krieg ging, und die Jüngeren den Großvater und Urgroßvater nur aus Erzählungen kennen.

Die Wanduhr schlägt vier Uhr, während Rudolf Jacobs vorsichtig die Seiten des Albums umblättert, das sein Vater acht Jahrzehnte zuvor liebevoll für jedes seiner Kinder gestaltet und mit feiner Hand beschriftet hat.

Er weist auf das Porträt seiner Eltern, die erste Wohnung der jungen Familie in der Hemmstraße 313, nachdem sie aus der elterlichen Villa ausgezogen sind. Dann sein kleiner Bruder Wilhelm, geboren 1939, zwei Jahre nach ihm. Und immer wieder: Ansichten vom Bauernhof in Francop im Alten Land, der Heimat seiner Mutter.

Der Sohn zeichnet das Bild eines besonderen Vaters: zugewandt, fantasievoll, heiter, zärtlich – keine Selbstverständlichkeit für Männer der NS-Zeit. »Papa war ruhig, etwas zurückgenommen und sehr ausgeglichen. Er hat uns gern auf den Knien geschaukelt, hat mit uns auf dem Fußboden gelegen mit Bauklötzen und der Eisenbahn. Und Spielzeugwagen hat er uns gebastelt, kleine Kästchen mit Rädern und Deichsel. Er konnte ja alles bauen. Mit denen konnten wir auf der Diele Rüben und Heu fahren.«

Der alte Herr schwärmt von den Wintern in Francop und dem acht Meter hohen verschneiten Deich, als sei es gestern gewesen. »Dort sind wir mit einem richtigen Schlitten runter gerodelt, Papa und wir beiden Jungs.«

Der junge Familienvater will unbedingt Architekt werden wie sein Vater und schreibt sich bei der Staatsbauschule Bremen ein.[41] Er schließt 1940 mit der Note »Gut« ab und hat damit auch ohne Abitur die Studienerlaubnis für Technische Hochschulen in der Tasche. Das ist sein Ziel.

In dieser Zeit bestimmen Kriegsvorbereitung und Arbeitsdienst, Todesurteile und die Verfolgung von Juden und Regimegegnern das Leben im Deutschen Reich. In Bremen wehen Hakenkreuzfahnen vor dem Bahnhof.

Die junge Familie wohnt in Findorff nur ein paar Fußminuten vom ehemaligen »KZ Mißler« entfernt, das in den alten »Mißler-Auswanderhallen« an der Ecke Hemmstraße/Walsroder Straße eingerichtet worden ist. Ein Jahr lang werden hier ab 1933 politische Häftlinge misshandelt.

Oben: Winterfreuden in Francopt
Unten: KZ Mißler, Walsroder Straße, 1933

Konzentrationslager MIßLER

Anfang 1933 wird in den »Mißler-Hallen« des Norddeutschen Lloyd für Auswanderer das erste Konzentrationslager auf bremischem Gebiet eingerichtet - als Sonderlager für politische Gegner, in erster Linie Kommunisten. Die Findorffer Anwohnerin der Hemmstraße, Annegret Wienberg, beschreibt in ihrem Büchlein »Das Haus gegenüber«, wie ihr Großvater das Fenster öffnet und Schreie hört »von inhaftierten Marxisten und Kommunisten, Sozialisten und Gewerkschaftlern, politisch Unbequemen. Ausgestoßenen unter den Schlägen von Gummiknüppeln. Übertönt von lautstarkem Trompetenlärm. Er schließt das Fenster und beschwert sich (...) die Beschwerden häufen sich. Das Lager wird verlegt. Dorthin, wo niemand die Schreie hören kann.«[42] 1934 werden die Hallen wieder als »Lloydheim« für Überseereisende und für die NS-Freizeitorganisation »Kraft durch Freude« genutzt. Die KZ-Gefangenen werden auf einen Binnenkahn in der Mündung der Ochtum gebracht. Der Bremer Musiklehrer, Chorleiter und Kommunist Hermann Böse, der Jacobs im Fach Musik unterrichtet hat, ist entgegen einigen Informationen nicht hier inhaftiert gewesen. Er wird am 24. November 1942 nach Hamburg-Fuhlsbüttel verbracht, wo er nach sieben Monaten schwerkrank entlassen wird und zwei Tage später stirbt. Heute erinnert ein Porträt im Eingangsbereich des Hermann-Böse-Gymnasiums und ein Holzrelief des Bildschnitzers Rudolf Gangloff an den Musiklehrer.[43]

Rudolf und Herta Jacobs leben ihre junge Liebe in Zeiten von Kriegspropaganda, Repression und Reglement: Zeitweise ist in ganz Bremen das Tanzen verboten, dann wieder versuchen die NS-Führer mit Varietés, Unterhaltungsfilmen und Kaffeehäusern von Unterdrückung, harter Arbeit, Mangel und Kriegsvorbereitung abzulenken. Gut vorstellbar, dass die beiden mal mit dem Kinderwagen zur Bürgerweide gebummelt sind, wo die Schausteller des Freimarktes seit 1934 gastieren. Vielleicht haben sie sich sogar mal abends ins Europa-Café am Herdentorsteinweg gewagt, wo schick gekleidete junge Leute zur verpönten und bald verbotenen Swingmusik tanzen.[44]

Wie mag es Rudolf ergangen sein, als er am Morgen des 10. November 1938, nach der Reichspogromnacht, zur Staatsbauschule in der Neustadt gelaufen oder geradelt ist, als Brandgeruch in der Luft liegt und Glasscherben unter seinen Reifen knirschen? Heinrich Böhmcker, der damalige Bremer Bürgermeister und SA-Obergruppenführer, hat in der Nacht auf den 10. November die entsprechende Weisung erteilt: »Sämtliche jüdischen Geschäfte sind sofort von SA-Männern in Uniform zu zerstören. Jüdische Synagogen sind sofort in Brand zu stecken. Die Polizei darf nicht eingreifen. Sämtliche Juden sind zu entwaffnen. Bei Widerstand sofort über den Haufen schießen.«[45] Die Synagoge im Schnoor, in der Gartenstraße 6, heute Kolpingstraße, brennt völlig aus, die Feuerwehrleute achten lediglich darauf, dass das Feuer nicht auf die Nachbarhäuser übergreift. Am Tag darauf, am 11. November, treiben SA-Männer die verhafteten Männer durch die Obernstraße in das Zuchthaus Oslebshausen. Von dort werden sie in das Konzentrationslager Sachsenhausen, Berlin-Oranienburg, abtransportiert.[46] Ahnt Rudolf, dass dies erst der Anfang ist? Vielleicht haben sich in diesen Tagen des Terrors gegen die jüdischen Mitbürger bei ihm erste Zweifel an dem NS-Regime gemeldet.

In dieser Zeit ist Herta schwanger. Am 14. Februar 1939 kommt Wilhelm zur Welt. Mit ihm und dem zweijährigen Rudolf wohnen sie nun zu viert in ihrer kleinen Wohnung in der Hemmstraße 313, in einer Welt, die bald in Flammen stehen wird.[47]

Wilhelm ist gerade sieben Monate alt, als die Wehrmacht am 1. September 1939 Polen überfällt und der Zweite Weltkrieg beginnt. Und gleich drei Tage nach dem Überfall wird der Matrose Jacobs zur Kriegsmarine einberufen und muss ab sofort Wehrübungen absolvieren.

Der Bremer Roland bekommt eine aufwendige Holzverschalung, die Säulen am Rathaus werden gegen Luftangriffe mit Stützmauern befestigt. Hitlers Truppen besetzen im Westfeldzug die Niederlande, Belgien, Luxemburg und marschieren am 14. Juni 1940 in Paris ein. Einen Monat zuvor haben der italienische faschistische Führer Benito Mussolini und Adolf Hitler den Stahlpakt geschlossen, und Italien ist an der Seite der Nationalsozialisten in den Krieg eingetreten.

Fast zeitgleich, beim 13. Luftangriff auf die Hansestadt[48], treffen Bomben auch einige Häuser in der Friedrich-Missler-Straße, wo die Eltern wohnen – ein Schock für alle.

Rudolf fürchtet vermutlich wie seine Altersgenossen, dass er zur Kriegsmarine eingezogen wird. Er will aber unbedingt studieren und immatrikuliert sich am 2. September 1940 an der Technischen Hochschule Braunschweig, Fachbereich Architektur. An der Uni muss Rudolf sein NSDAP-Parteibuch vorzeigen. Es dient als »Ariernachweis«.

Voraussetzung für ein Studium ist die NSDAP-Mitgliedschaft nicht.[49] Allerdings ist der Organisationsgrad unter den Studenten besonders hoch. Rudolf ist also mit seinem Parteibuch nicht weiter aufgefallen.[50]Ab sofort paukt er Baukonstruk-

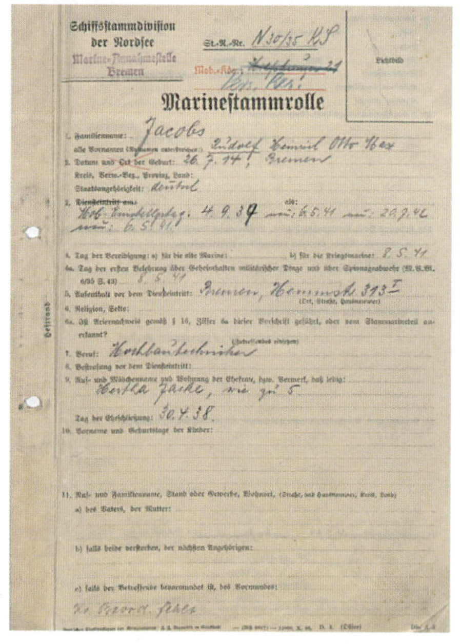

Schiffsstammdivision der Nordsee

Marine-Annahmestelle Bremen

St.-R.-Nr. N 30/35 K.S.

Mob.-Kdo.:

Lichtbild

Marinestammrolle

1. Familienname: Jacobs
   alle Vornamen (Rufnamen unterstreichen): Rudolf Heinrich Otto Max
2. Datum und Ort der Geburt: 26. 7. 14, Bremen
   Kreis, Verw.-Bez., Provinz, Land:
   Staatsangehörigkeit: deutsch
3. Diensteintritt am: als:
4. Tag der Vereidigung: a) für die alte Marine: b) für die Kriegsmarine: 8. 5. 41
4a. Tag der ersten Belehrung über Geheimhalten militärischer Dinge und über Spionageabwehr (M.V.Bl. 6/35 S. 43) 8. 5. 41
5. Aufenthalt vor dem Diensteintritt: Bremen, Hemmstr. 313 I (Ort, Straße, Hausnummer)
6. Religion, Sekte:
6a. Ist Ariernachweis gemäß § 16, Ziffer 6a dieser Vorschrift geführt, oder vom Stammmarineteil anerkannt? (Zutreffendes einsetzen)
7. Beruf: Hochbautechniker
8. Bestrafung vor dem Diensteintritt:
9. Ruf- und Mädchenname und Wohnung der Ehefrau, bzw. Vermerk, daß ledig: Hertha Jacke, wie zu 5
   Tag der Eheschließung: 30. 4. 38
10. Vorname und Geburtstage der Kinder:
11. Ruf- und Familienname, Stand oder Gewerbe, Wohnort, (Straße und Hausnummer, Kreis, Land)
    a) des Vaters, der Mutter:
    b) falls beide verstorben, der nächsten Angehörigen:
    c) falls der Betreffende bevormundet ist, des Vormundes:

Oben: Spaziergang in den Kleingärten

Unten: Jacobs Marinestammrolle

tion, Eisenhochbau und Freihandzeichnen, Baugeschichte und Vermessungskunde.

Daneben muss er Wehrübungen absolvieren und für seine Familie sorgen - ein Mammut-Programm, und es ist anzunehmen, dass Herta ihm bei den Kindern und im schwierigen Kriegsalltag den Rücken freigehalten hat. Der Sohn Rudolf junior beschreibt sie als ausgeglichen, aber auch bestimmend: »Mama war Bauerntochter und wusste immer ganz genau, wo es langgeht.«

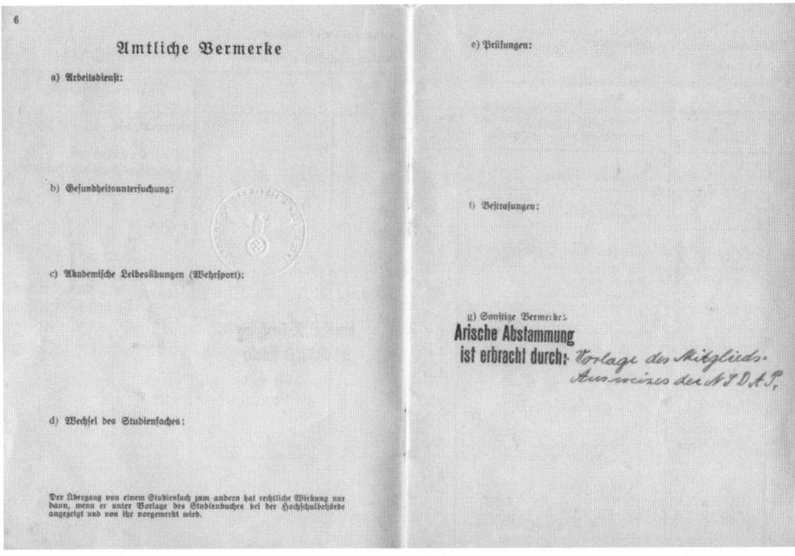
6

Amtliche Vermerke

a) Arbeitsdienst:

b) Gesundheitsuntersuchung:

c) Akademische Leibesübungen (Wehrsport):

d) Wechsel des Studienfaches:

Der Übergang von einem Studienfach zum andern hat rechtliche Wirkung nur dann, wenn er unter Vorlage des Studienbuches bei der Hochschulbehörde angezeigt und von ihr vorgemerkt wird.

e) Prüfungen:

f) Bestrafungen:

g) Sonstige Vermerke:

Arische Abstammung ist erbracht durch: Vorlage des Mitglieds-Ausweises der NSDAP.

Schon 1940 wird Bremen 38-mal von britischen Bombern angegriffen. Ganz sicher haben auch die Jacobs angstvolle Stunden im Bunker an der Zwickauer oder an der Hemmstraße in Findorff zugebracht. Die junge Familie entscheidet deshalb, nach Francop ins Alte Land zu ziehen, ins Bauernhaus von Hertas Eltern, um die Kinder zu schützen.[51]

Zwei Jahre nach ihrem Umzug legt ein gewaltiger Bombenangriff südliche und östliche Teile Bremens in Schutt und Asche, bis 1943 folgen mehr als hundert Luftattacken.[52] Rudolf pendelt nun zwischen den Hörsälen der zunehmend zerbombten Uni-Städte Braunschweig und Hannover[53], regelmäßigen Wehrübungen und seiner Familie im Alten Land hin und her. Nervenaufreibend und gefährlich ist das. Aber der junge Vater will unbedingt viel Zeit für seine zwei kleinen Jungen haben. Das wird immer schwieriger.[54]

Denn nach dem Überfall der Wehrmacht auf die Sowjetunion[55] und dem Kriegseintritt der USA muss Rudolf immer häufiger zu Wehrübungen antreten, zum Beispiel von Mai bis Juli 1941 zur Schiffsstammabteilung Wilhelmshaven.[56]

Ein paar Monate später schließen die Universitäten. Jacobs muss seine Fakultäten ohne das ersehnte Diplom verlassen, was

Oben: Ariernachweis im Studienbuch

Mitte: Jacobs am heimischen Zeichentisch

Unten: Ehefrau Herta mit Kind in Francop

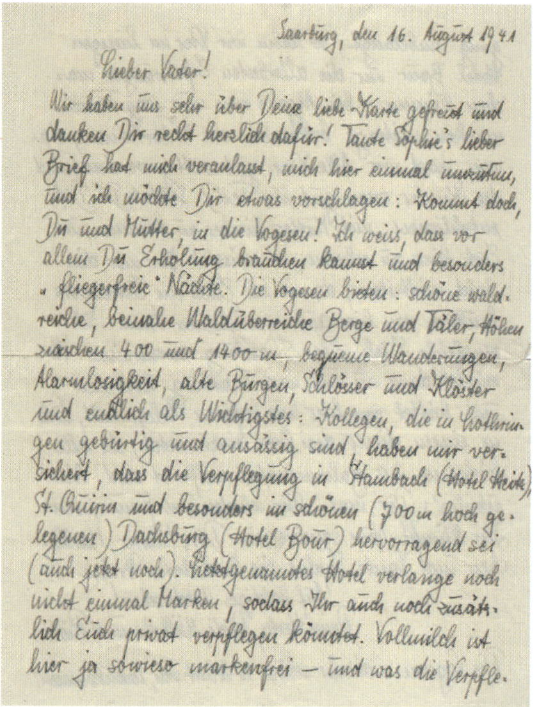

Saarburg, den 16. August 1941

Lieber Vater!

Wir haben uns sehr über Deine liebe Karte gefreut und danken Dir recht herzlich dafür! Tante Sophie's lieber Brief hat mich veranlasst, mich hier einmal umzutun, und ich möchte Dir etwas vorschlagen: Kommt doch, Du und Mutter, in die Vogesen! Ich weiss, dass vor allem Du Erholung brauchen kannst und besonders „fliegerfreie" Nächte. Die Vogesen bieten: schöne wald-reiche, beinahe waldüberreiche Berge und Täler, Höhen zwischen 400 und 1400 m, bequeme Wanderungen, Alarmlosigkeit, alte Burgen, Schlösser und Klöster und endlich als Wichtigstes: Kollegen, die in Lothringen gebürtig und ansässig sind, haben mir versichert, dass die Verpflegung in Hambach (Hotel Heck), St. Quirin und besonders im schönen (700 m hoch gelegenen) Dachsburg (Hotel Bour) hervorragend sei (auch jetzt noch). Letztgenanntes Hotel verlange noch nicht einmal Marken, sodass Ihr auch noch zusätzlich Euch privat verpflegen könntet. Vollmilch ist hier ja sowieso markenfrei – und was die Verpfle-

Links und Rechts: Brief an die Eltern 1941

ihm sicher schwergefallen ist. Er wird eingezogen und ist zunächst in Hamburg Altona stationiert. Von dort wird er nach Saarburg in Lothringen versetzt.[57] Die Familie kann ihn begleiten, und sie beziehen eine Wohnung in Saarburg. Sein Auftrag: »In Lothringen die Schlösser, Burgen, Klöster und großen Villen fotografisch und vermessungstechnisch aufzunehmen.«

Davon schreibt er im August 1941 seiner Tante und den Eltern. Er formuliert nachts im Bett in seiner eleganten, schwungvollen Architektenschrift. Er schwärmt von Wanderausflügen in die Berge und von Burgbesteigungen, erzählt der »lieben Tante Sophie«, wie er den kleinen Wilhelm die schmale Wendeltreppe zum Straßburger Münster hinaufgetragen hat und wie Rudi, der Erstgeborene, gestaunt hat, wie winzig das Auto aus luftiger Höhe wirkt. Aus seinen Zeilen spricht ein gelöster, fröhlicher Vater, der die freien Stunden mit seiner Familie genießt. In solchen kostbaren Momenten schafft er es, den Krieg auszublenden.

Seine Eltern, denen er innig verbunden ist, lädt er in dringlichen Worten nach Lothringen ein: Sie könnten in einem Hotel in der Nähe von Saarburg etwas Abstand vom Krieg gewinnen: Es gebe dort reichliche Verpflegung, Fleisch für wenige Essensmarken, täglich Vollmilch, markenfrei, fliegerfreie Nächte und »Alarmlosigkeit«. Er fleht die Eltern regelrecht an, die Reise zu wagen, sicher aus Angst um die beiden in Bremen.

Dorthin wird auch er bald zurückbeordert. Seit September 1941 müssen alle deutschen Juden ab dem Alter von sechs Jahren den gelben Stern mit der Aufschrift »Jude« tragen. Es dauert nicht mehr lange, dann verschwinden diese Mitbürger nach und nach aus dem Stadtbild. Viele fliehen. Die, die bleiben, werden vom 18. November 1941 an deportiert, noch vor der Wannseekonferenz[58], wo der bereits begonnene Holocaust organisiert wird. Was weiß Rudolf von Deportationen und Lagern im Osten? Gibt es Gespräche zu Hause, in Bremen oder in Francop am Küchentisch? Hört er abends »Feindsender«? Niemand aus der Familie hat dazu Briefe oder Tagebücher hinterlassen.

Arbeitslager[59] und KZ-Außenstellen entstehen, mit Zwangsarbeitern, KZ-Häftlingen und russischen und französischen Kriegsgefangenen, die unter todbringenden Bedingungen für die Kriegswirtschaft schuften. Die Häfen von Bremen und Bremerhaven, die dem Seemann so vertraut sind, verändern sich völlig: Die bedeutende Hafenstadt ist nun von ihren entscheidenden Übersee-Verbindungen abgeschnitten, Bremerhaven komplett militarisiert: Hafenbecken, Schuppen, Kräne, Platz für Flakgeschütze – alles wird der Kriegsführung unterstellt.[60] Die Stadt verwandelt sich in eine Trümmerlandschaft, die Werften, die Häfen, die Focke-Wulf-Flugzeugwerke und das Autowerk Borgward sind zerstört, aber auch ganze Wohngebiete durch

gung anbelangt, so haben wir Vier im hiesigen Hotel Bour nur die allerbesten Erfahrungen machen können: bei Abgabe von nur 100g Fleischmarken mittags bekamen wir 2 Portionen, davon sind wir Alle Vier gut satt geworden (und die Kinder essen gut ihr Teil). Solltest Du Dich entschliessen, mit Mutter hierher zu kommen, um Euch hier zu erholen, so müsstet Ihr mir dies bald mitteilen, damit ich Euch die Einreiseerlaubnis von hier aus ermöglichen kann. Ich empfehle Euch, über Strassburg einzureisen. Ihr würdet dann zu uns nach Saarburg kommen und hättet von hier aus bequem Gelegenheit, Euch in einem dieser drei Orte einzumieten, da alle höchstens 20 Bahnminuten entfernt sind. Also überleg's Dir mal. Wir würden uns freuen, wenn Ihr kämt! Nun senden wir Dir, Mutter, Marlieschen und Tante Sophie die herzlichsten Grüsse!

Auf baldiges Wiedersehen!

Deine Herta, Rudi, Wilhelm und Rudi.

Die Vogesen sind sehr schön; es lohnt sich, herzukommen!

alliierte Flächenbombardements. Deshalb wird der Bahnhof mit Stroh getarnt und mit einer fingierten Straße abgedeckt. Wasserfontänen hüllen die Stadt in Nebelschwaden, um die Sicht für die britischen und US-Flugzeuge zu behindern. Im Mai 1942 werden auf Befehl Hitlers alle Denkmäler, die Kupfer und Bronze enthalten, abgerissen für die Waffenschmieden.[61]

Ab Winter 1941/42 schwindet in der Bevölkerung der Optimismus, bald verstärkt durch den Sieg der Roten Armee in Stalingrad 1942/1943. Der Bremer Gestapobericht von April 1943 vermerkt schließlich »ernste Stimmung, Endsieg kaum noch glaubhaft zu vermitteln«.[62]

In dieser Zeit wird Rudolf Jacobs erneut abkommandiert ins Elsass, diesmal für länger. Er arbeitet ein Dreivierteljahr lang beim Bau der Festungen, Bunker, Stollen und Panzersperren des Westwalls.[63] Herta und die Kinder kommen wieder mit nach Saarburg.

Noch heute erinnert sich der über achtzigjährige Rudolf Junior in Hamburg-Rosengarten genau an jenen Tag, als der Saarburger Vermieter vorbeigekommen ist und den zwei Kindern, fünf und sechs Jahre alt, einen Spielzeugpanzer schenkt. »Papa hat den Panzer genommen und ihn aus dem Fenster geschmissen. Er mochte es nicht, dass die Kinder mit Panzern spielen oder mit Wehrmachtssachen«, erzählt der alte Herr, »Auf jeden Fall war er gegen den Krieg.« Seine Mutter habe später oft von dieser Zeit erzählt. An einem Abend habe ihr der Vater gesagt: »Wundere dich nicht, wenn ich später komme.« Da habe er einem Juden über die Grenze nach Frankreich verholfen.

Wie ist das genau gelaufen damals mit dem Juden und der Flucht? Ganz anders als beim beruflichen und militärischen Werdegang des Bremer Soldaten Rudolf Jacobs kann ich mich hier nur auf Familien-Erzählungen stützen. Und Erinnerung ist eine trügerische Zeugin. Geschichten, immer wieder erzählt, werden im Laufe eines Lebens umgedichtet, ausgeschmückt oder einfach »vergessen«, ohne dass es den Protagonisten bewusst ist. Die Gespräche mit dem Sohn und der Familie Jacobs haben bei mir jedoch den Eindruck großer Glaubwürdigkeit hinterlassen.

Nach einem Dreivierteljahr endet die Zeit am Westwall. Der Bremer Marinegefreite wird hin und her beordert: Mitte 1943 mit Familie zurück nach Deutschland, erst zur Kriegsmarine Wilhelmshaven, dann in die besetzten Niederlande[64] zur Seeverteidigung bei der Maas-Flottille als Matrose an Deck.

Hier findet Rudolf spätabends Zeit, einer Freundin zu schreiben, der »lieben Berty«. Der Absender ist vorschriftsmäßig vage formuliert: »Im Westen.« Von Heimweh erzählt er und von der Sehnsucht nach seiner Familie, er zitiert einen Liedtext, den er nach Mitternacht im Radio hört: »Mög' im Traum ein Band umschlingen Eure Lieben nah und fern.« Diesen romantischen, sorgfältig formulierten Zeilen setzt er eine kleine Zeichnung voran: friedlicher Marktplatz mit Kirchturm, Brunnen mit

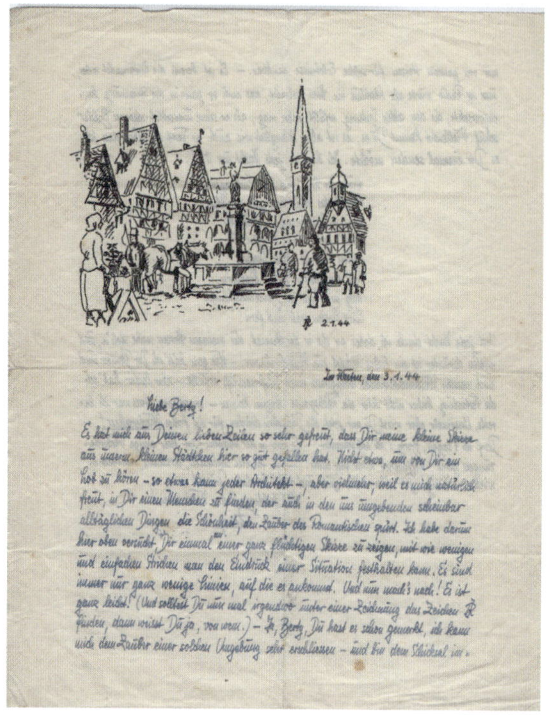

R 2.1.44

Im Westen, den 3.1.44

Liebe Berty!

Es hat mich aus Deinen lieben Zeilen so sehr gefreut, dass Dir meine kleine Skizze aus unserem kleinen Städtchen hier so gut gefallen hat. Nicht etwa, um von Dir ein Lob zu hören – so etwas kann jeder Architekt –, aber vielmehr, weil es mich natürlich freut, in Dir einen Menschen zu finden, der auch in den uns umgebenden scheinbar alltäglichen Dingen die Schönheit, den Zauber des Romantischen spürt. Ich habe darum hier oben versucht, Dir einmal an einer ganz flüchtigen Skizze zu zeigen, mit wie wenigen und einfachen Strichen man den Eindruck einer Situation festhalten kann. Es sind immer nur ganz wenige Linien, auf die es ankommt. Und nun mach's nach! Es ist ganz leicht! (Und solltest Du nun mal irgendwo unter einer Zeichnung das Zeichen R finden, dann weisst Du ja, von wem.) – Ja, Berty, Du hast es schon gemerkt, ich kann mich dem Zauber einer solchen Umgebung sehr erschliessen – und bin dem Schicksal im.

Links: Brief an eine Freundin, 1944

Rechts: Rudolf Jacobs junior als Kind, ca. 1943

Pferd, Marktstände und Spaziergänger - ein Gegenbild zu seinem Alltag, denn er schließt seinen Brief mit: »Draußen rummst es wieder - Krieg!«[65]

Bald geht es zurück nach Hamburg, Einsatz in Harburg, Festungspionierbataillon.[66] Dann kommt der 24. März 1944. Jacobs wird an die italienische Front versetzt, an die ligurische Küste, über 1000 Kilometer entfernt von zu Hause. Einsatz erst beim Festungspionierstab Lerici, dann bei der Festungspioniergruppe La Spezia.[67] Für einen »besonderen Einsatz«, vermerkt die Marine-Stammrolle des Soldaten.[68] Es wird ein Einsatz, der für Jacobs die folgenschwerste Wende in seinem Leben einleitet.

Einmal nur kann er zur Familie nach Hamburg reisen. Diese Begegnung mit dem Vater im Bahnhof von Harburg hat sich beim Sohn tief ins Gedächtnis eingeprägt. Fast 80 Jahre ist das her, der Kleine ist sieben Jahre alt. »Er kam in Offizierskleidung an, einen Tag Heimaturlaub hatte er. Wir, Mama, mein Bruder und ich, haben im Wartesaal gesessen und geweint, weil Papa gleich wieder losmusste, zum Zug von Hamburg nach La Spezia.«

Was der kleine Junge nicht weiß: Es ist die letzte Begegnung der beiden. Sein Vater wird nicht zurückkehren aus La Spezia, dem Militärhafen an der ligurischen Küste. Dort in Norditalien herrscht seit dem 9. September 1943 Krieg.

Der Krieg in Norditalien

Oben: Der Golf von La Spezia

Mitte: MG-Posten in Vallo Ligure

Unten: Deutsche und italienische Soldaten kampfbereit, Ort unbekannt

Im Sommer 2020 besteige ich am Bahnhof La Spezia den Bus, der an der Küste Richtung Toskana fährt. Es geht am Hafen entlang, ein gewaltiges Kreuzfahrtschiff liegt auf Reede. Wahrscheinlich überschwemmen die Fahrgäste gerade das lauschige Fischerdorf Porto Venere vis à vis von La Spezia mit seinen schmalen Häuschen, die sich wie eine Kinderbastelei aus bunten Streichholzschachteln am Ufer entlangziehen. Auf altersschwachen Stoßdämpfern rumpelt der Bus an Militärschiffen und Stacheldraht-gesicherten Arealen vorbei, stoppt im Küstenort San Terenzo und in Lerici mit seinem langen weißen Strand und der imposanten Festung mit dem fünfeckigen Turm, die über dem Städtchen thront. Statt der Einheimischen Fahrgäste und einiger Wanderer lasse ich die berühmten Gäste des »Golfo dei poeti« aus früheren Jahrhunderten zusteigen: Dante Aligheri, der in seiner »Göttlichen Komödie« den Felshang von Lerici erwähnt, den Dichter Lord Byron, der 1821 den Golf durchschwamm, seinen Freund und Poeten-Kollege Percy B. Shelley, der ein Jahr danach im selben Meer ertrank, Henry James, D. H. Lawrence, Virginia Woolf und Gabriele D'Annunzio - eine illustre Busladung. Weiter geht es über Tellaro zur Endstation Montemarcello, wo ich schon oft in den Bergen unterwegs war. Mein Ziel »Bocca di Magra« fährt der Bus nicht an, ich nehme ein Taxi dorthin, wo der Fluss Magra in das Ligurischen Meer mündet und wo es nicht mehr weit ist bis zur berühmten toskanischen Marmorstadt Carrara.

Hin und wieder erspähe ich während meiner Fahrt an der Küste verwitterte Bunkeranlagen, die Überreste des »Vallo Ligure«, einst ein gewaltiger Abwehrwall, dessen Ausbau die Wehrmacht ab Sommer 1944 mit größter Dringlichkeit in Angriff nimmt.

Genau dies ist der »Spezielle Einsatz«, für den der Bremer Marinefestungspioniergefreite Jacobs hier seit dem 24. März 1944 stationiert ist, im Ingenieurskorps der »Kriegsmarine Festungsbau«. Das Quartier seiner Einheit: Eine Adelsvilla im Bergort Pugliola, oberhalb von Lerici.[69]

Die deutschen Streitkräfte müssen hier in Norditalien aufrüsten, denn die Alliierten sind seit ihrer Landung auf Sizilien im Sommer 1943 unaufhaltsam auf dem Vormarsch. Sie attackieren nun die »Gotenlinie«[70], die letzte Verteidigungsfront der Deutschen im Norden des italienischen »Stiefels«.

Die Fronten im Krieg in Italien

Am 10. Juli 1943 landen anglo-amerikanische Truppen auf Sizilien, um hier einen Brückenkopf zu errichten. Sie kämpfen gegen die Verbündeten Deutschland und Italien. Dies ist jedoch der Anfang vom Ende des »Achsen«-Bündnisses. Die Macht von Benito Mussolini, Italiens faschistischer Führer und Hitlers Kriegspartner, bröckelt seit einer Reihe von militärischen Niederlagen. Der »Duce« wird am 25. Juli 1943 abgesetzt und auf den Gran Sasso in den Abruzzen verbannt. Das italienische »Ventennio«, die zwanzig Jahre dauernde Herrschaft Mussolinis und seines Partito Nazionale Fascista (PNF) ist vorbei. Marschall Pietro Badoglio, bis dahin treuer Gefolgsmann Mussolinis, wird von König Victor Emanuele III zu seinem Nachfolger ernannt. Seine erste Handlung: Am 3. September 1943 erklärt er gegenüber den Westalliierten die Kapitulation seines Landes. Und fünf Tage später hören es auch die Italiener im Radio: »Armistizio« - Waffenstillstand - was eigentlich heißen müsste: capitolazione, resa - Kapitulation!

Gleich danach besetzen deutsche Truppen innerhalb weniger Tage das abtrünnige Italien (»Fall Achse«). Ein paar Tage danach, am 9. September 1943, landet die 5. US-Armee auf dem Festland im Golf von Salerno südlich von Neapel, und auch von hier aus beginnt der alliierte Vormarsch.

Wehrmachtssoldaten befreien Mussolini aus seinem Verbannungsort, und die Besatzungsmacht installiert am 23. September 1943 in Salò am Gardasee die sogenannte »Repubblica Sociale Italiana«, die »Soziale Republik Italien«, kurz »RSI«, einen Vasallenstaat von Deutschlands Gnaden, der sich an der Kriegsführung mittels eigener Streit- und Polizeikräfte beteiligt, ab 1944 auch mit den »Schwarzen Brigaden«, den »Brigate Nere«, militarisierte Kampfeinheiten der faschistischen Partei, eine Art italienische SS. Für die Menschen beginnt nun eine mehr als zwanzig Monate währende brutale Besatzung.

General Pietro Badoglio erklärt dem Deutschen Reich am 13. Oktober 1943 den Krieg. Nun ist der »Stiefel« durch die militärische Lage faktisch geteilt in die von den Alliierten beherrschte Südhälfte und den von der Wehrmacht besetzten Norden. Am 4. Juni 1944 wird Rom von der NS-Besatzung befreit und nach Verhandlungen Badoglios mit der Wehrmacht zur »offenen Stadt« erklärt, also ohne Kampfhandlungen eingenommen.[71] Die angloamerikanischen Truppen setzen ihren Vormarsch fort, und innerhalb eines Monats geht auch Mittelitalien für die Deutschen verloren.[72] Die Wehrmacht muss sich bis zu einer nördlichen Kampflinie zurückziehen, der »Gotenlinie«, später »grüne Linie« genannt. Sie erstreckt sich von Ravenna bis La Spezia. Bereits während des deutschen Rückzugs wird hier der Ausbau der Verteidigungsanlagen zu ihrer primären Aufgabe. So entsteht der »Vallo Ligure«, die größte deutsche Verteidigungslinie in Italien, mit Bunkern, Panzerhindernissen, verminten Stränden und Flussmündungen, Aufrüstung alter Wehranlagen des 19. Jahrhunderts und des Ersten Weltkrieges. Der Rückmarsch der Besatzer vollzieht sich nach dem Muster der »Terra bruciata«, der »verbrannten Erde«, also Zerstörung der italienischen Industrie, Häfen und Infrastruktur. Die Alliierten rücken weiter vor, und Ende August 1944 wird für die Wehrmacht der Rückzug auch hinter die Gotenlinie unausweichlich.[73] Mitte Oktober stehen die Alliierten kurz vor Bologna, wo der Vormarsch stecken bleibt. Erst Ende April 1945 können die Westmächte diese Linie endgültig überwinden. Am 29. April 1945 unterzeichnen die Deutschen in Caserta die Kapitulationsurkunde.[74] Am 2. Mai tritt sie förmlich in Kraft.

Den Bau dieser Befestigungsanlagen beaufsichtigt Jacobs.

Vallo Ligure Verteidigungswall

Ab Sommer 1944 werden die Angriffe der Alliierten in Ligurien heftiger. Im NS-Rundfunk und beim deutschen Oberkommando klingt das so:

»An der Ostküste des Golfes von Genua wurde ein nordwestlich La Spezia gelandeter, nordamerikanischer Kommandotrupp im Kampfe niedergemacht - Kampffähren der Kriegsmarine wehrten im Golf von Genua Angriffe britischer Schnellboote ab - Deutsche und italienische Jäger brachten über Norditalien zwölf nordamerikanische Flugzeuge zum Absturz.«[75]

Die Wehrmacht in Italien ist eines der Forschungsgebiete des Historikers Dr. Lutz Klinkhammer. Während eines Aufenthalts in Rom treffe ich den stellvertretenden Direktor des Deutschen Historischen Instituts an der Via Aurelia Antica 391, wo er zur Geschichte des 19. und 20. Jahrhunderts forscht. Norditalien war eines der heftigsten und blutigsten Kriegsgebiete im Zweiten Weltkrieg überhaupt, sagt er: »Die Wehrmacht versuchte, möglichst wenig Boden in Italien preiszugeben, und das Land wurde ausgebeutet: 600.000 Menschen, ehemalige italienische Soldaten und Zivilisten[76], wurden zur Zwangsarbeit in Deutschland eingesetzt, eine riesige Kriegsbeute. Es war eine sehr brisante Gegend ganz in der Nähe des Standortes von Rudolf Jacobs.« [77]

Genau deshalb sind am »Vallo Ligure« die Technikkenntnisse des Soldaten und Architekten Rudolf Jacobs gefragt. Anlagen aus dem Ersten Weltkrieg müssen aufgerüstet, Strände und Flussmündungen vermint, Artillerieabwehren und Panzerhindernisse aufgebaut werden. Deutsche Soldaten, Kriegsgefangene und Zivilbevölkerung schuften im Auftrag von Wehrmacht und der Organisation Todt [78].

General Albert Kesselring

Unter deutschem Oberbefehl der Generäle Albert Kesselring und Erwin Rommel leisten 600.000 Soldaten, davon 160.000 Italiener, außerdem 70.000 Mussolini-Soldaten und die »Schwarzen Brigaden, die »Brigate Nere«, heftigen Widerstand gegen die vorrückenden britischen und amerikanischen Truppen.[79] Der Zeitdruck für die Besatzer ist enorm. Die militärische Lage spitzt sich täglich zu. Truppenkontingente müssen an der Gotenlinie konzentriert und Arbeiter rekrutiert werden. Die Deutschen sind eingekesselt zwischen den vorrückenden Alliierten und den italienischen Widerstandsgruppen jenseits der Gotenlinie.[80] Die Kriegstagebücher der Wehrmacht berichten immer häufiger von schwerem Fliegeralarm und von Sprengungen, Verminungen, Verlegungen von Truppenteilen, Eingliederung von Marine-Einheiten in die bedrängte Infanterie, oft direkt am Einsatzort von Jacobs:

»13.9.1944: Hafenverminung La Spezia, 16.9.: Arsenal im Hafen von La Spezia gesprengt, 28.9.: Hafen von Lerici gesprengt, 2.10.: Infanterie-Ausbildung der Marine-Soldaten angelaufen.« [81]

Die Dokumente des Instituts für die Geschichte der Resistenza und der Zeitgeschichte in La Spezia lassen einheimische Chronisten zu Wort kommen: »Von Beginn des Herbstes 1944 an wenden die Deutschen die Taktik der »verbrannten Erde« an, sie sprengen zahlreiche Gebäude, die der Versorgung mit Waren und Nahrungsmitteln dienen, sie sprengen die gesamten Hafenanlagen von La Spezia und des kleinen Hafens von Lerici, sie verminen die Küsten von La Spezia und die Zugänge zur Stadt, deren Trümmer und Ruinen sich mit den Schäden, die die Angriffe der Alliierten verursacht haben, zu einer gewaltigen Zerstörung summieren.«[82]

Jacobs kann täglich zusehen, wie die Aufrüstung nicht mehr mit der Zerstörung mithalten kann und wie alle Arbeitseinsätze lebensgefährlich werden. Die militärische Lage des Deutschen Reiches ist so schlecht wie nie zuvor in diesem Krieg.[83]

Überall mangelt es an Personal. Die soldatische Disziplin ist nicht mehr aufrechtzuerhalten[84]. Und alle, Soldaten wie Zivilisten, leiden unter Hunger. Es häufen sich Beschwerden über zu kleine Rationen für die Soldaten, und am 15. Oktober 1944 berichtet der Abwehroffizier »III M« im Kriegstagebuch der Wehrmacht über Genua:

»Durch die Zerstörung der Bahnanlagen, Brücken und Hauptstraßen ist die Nachschub-Möglichkeit zur Versorgung der Stadt Genua sehr erschwert. Der Bedarf der Bevölkerung an den hauptsächlichsten Nahrungsmitteln wie Mehl, Fett, Öl usw. kann nur noch in ganz geringem Maße befriedigt werden. Der Nahverkehr nimmt trotz des Mangels an Benzinfahrzeugen immer mehr zu, da die Leute zu Rad oder Eselsgespann in die Provinzorte hinausziehen, um Lebensmittel zu erwerben (...) Die Arbeitslosen sind, da es keine Unterstützung von Seiten der Behörde gibt, nicht in der Lage, Lebensmittel im Schwarzhandel zu beschaffen (...) Dies alles führt zu zunehmender Erbitterung gegenüber Partei und Behörden. Der Kommunismus, der der Bevölkerung alles Gute für die Zukunft verspricht, erhält immer mächtigeren Auftrieb, und der Zustrom ins Rebellenlager hält an.«[85]

Die Rebellen, damit sind die Partisanen gemeint, der italienische Widerstand, die Resistenza - »Banditen« in der Sprache der Wehrmacht. Sie sind immer mehr und immer stärker geworden und haben sich im Verlauf des Jahres 1944 zur tagtäglichen Bedrohung für die deutschen Besatzer entwickelt. Von ihren Standorten in den Bergen aus attackieren die »Partigiani« die Einrichtungen und Truppen der Wehrmacht. Gegen diesen »inneren Feind« kämpfen die Deutschen immer erbitterter. Und immer brutaler gegen die Zivilbevölkerung, die sie in einem Vernichtungsfeldzug verfolgen und töten.

Resistenza

Oben: Gedenkfeier zum Tag der Befreiung am 25. April in Lucca
Mitte: Gedenktafel für die Frauen im Widerstand in Cremona
Unten: Gedenktafeln des Widerstands in Modena

Fast jedes Jahr bin ich in Norditalien unterwegs, in Ligurien, der Emilia Romagna und der Toskana: In Lucca, Modena, Cremona oder den Cinque Terre – überall entdecke ich an Wohnhäusern, am Rathaus, auf Marktplätzen Gedenktafeln für gefallene Partisanen und ermordete Zivilisten. Sogar während der Wanderungen in den Bergen treffe ich auf solche Denk-Male, eingeritzt in Gedenksteine am Wegesrand.

Die italienischen Partisanen: Sie kämpfen für den Frieden, gegen die deutsche Besatzung und gegen die Soldaten Mussolinis, gegen die RSI, die »Soziale Republik« von Salò. Es ist ein nationaler Befreiungskampf und zugleich eine Art Bürgerkrieg gegen den italienischen Faschismus. Der Historiker Dr. Claudio Pavone spricht von einem Dreifrontenkrieg 1943 bis 1945: einer gegen die Deutschen, einer gegen die Salò-Faschisten und ein Klassenkampf vor allem der linken Partisanen für mehr soziale Gerechtigkeit.[86]

Die »Partigiani« agieren vor allem in der Nordhälfte Italiens, da der Süden schnell von den Alliierten befreit worden ist. Ab 1943 kämpfen sie in Städten und Dörfern, vor allem aber in den Bergen vom Piemont im Westen, in der Lombardei und Emilia Romagna bis zum Apennin und der Toskana. Sie bilden bewegliche Brigaden, verüben Sabotageakte auf deutsche Militärzüge, Straßen und Gebäude, beschlagnahmen Fahrzeuge auf offener Straße, überfallen Munitionslager und organisieren Waffen. Sie locken deutsche Soldaten auf dem Rückzug in die Arme der Alliierten. Sie vernichten Meldeunterlagen für die Rekrutierung oder Deportation italienischer Soldaten. Ihre Überfallkommandos verüben Attentate auf Vertreter der RSI-Regierung und auf lokale Faschistenführer. Sie befreien Folteropfer und Gefangene und retten Menschen vor der Deportation in Konzentrationslager oder zur Zwangsarbeit in Deutschland. Nachts stecken sie Antikriegsflugblätter in die Briefkästen, verstecken desertierte Soldaten oder helfen ihnen über die Kampflinien zu den Alliierten. Ab Sommer 1944 sind die Partisanen so schlagkräftig, dass sie große Verkehrsverbindungen kontrollieren, Kraftwerke lahmlegen und Brücken sprengen können. Ihr Feind: Der »Nazifacismo«. So nennen die Italiener bis heute die faschistische Doppelherrschaft aus deutscher Okkupation und Mussolinis Marionettenrepublik von Salò.

Im Freiburger Militärarchiv in den Akten der »Seekommandantur Riviera«, der auch Rudolf Jacobs unterstellt ist, finde ich zahlreiche Hinweise auf die Aktivitäten der Resistenza. Die täglichen Berichte zeugen von den gewaltigen Problemen, die die Partisanen den Einheiten der Wehrmacht bereiten:

28.09.1944: Bei Dego/Savona haben Übergelaufene Brücke gesprengt.

6.10.1944: Banditen überfallen Bahnhof von Sarzana, verschleppen Eisenbahn-Milizionäre.

27.10.1944: San Remo: Banditen verwunden, erschießen, verschleppen, plündern Lager in deutschen Uniformen

30.10. 1944 Telefonleitung von Lerici nahe Pugliola dreimal durchschnitten.[87]

Die Resistenza wächst sprunghaft: Zehn Tage nach dem deutschen Einmarsch am 9. September

Gedenktafel des KZ Risiera San Saba in Triest

Übersetzung: Liebe Mama, ich schreibe dir, um dir zu sagen, dass ich heute erschossen werde. Addio für immer. 5.4.1945

Partisanengruppe in Ligurien

1943 folgen ihr anfangs 1.500 Menschen, im folgenden Sommer bereits 80.000, mit steigender Tendenz. Hinzu kommen ungefähr weitere 200.000, die in der Ebene und in den Städten agieren.[88]

Zunächst schließen sich politische Aktivisten an und viele versprengte italienische Soldaten, die der Gefangennahme oder Deportation ins »Reich« entkommen wollen. Bald aber sind alle Schichten und alle politischen Lager der italienischen Gesellschaft vertreten.[89] Die Resistenza ist nahezu ein Abbild der italienischen Gesellschaft.

Die größte Gruppe stellen die Kämpfer vom liberal-demokratischen »Partito d'azione«, dem »Widerstands-Gewissen« Italiens.[90] In den Städten agieren vornehmlich die »Sappisti«[91], in den Bergen verschiedene Gruppen, vor allem kommunistische Brigaden. Diese setzen stärker auf Aktionen, während die Konservativen eher Verbindung zu den Alliierten suchen. Auch viele Christen beteiligen sich am Widerstand. Für die militärische Schlagkraft sorgen vor allem die kommunistischen, sozialistischen und linksliberalen Einheiten, die straffer organisiert sind. Bald gründet sich zudem der »Comitato di Liberazione Nazionale«, CLN, das »Komitee der nationalen Befreiung«, eine antifaschistische Dachorganisation, die alle Widerstandsgruppen koordiniert.[92]

So stellt sich den Besatzern und Mussolinis Truppen ein schlagkräftiger Gegner in den Weg, der für eine gewaltige Verunsicherung der deutschen Truppen sorgt. »Die Wehrmacht war keineswegs in Freundes Land.«[93]

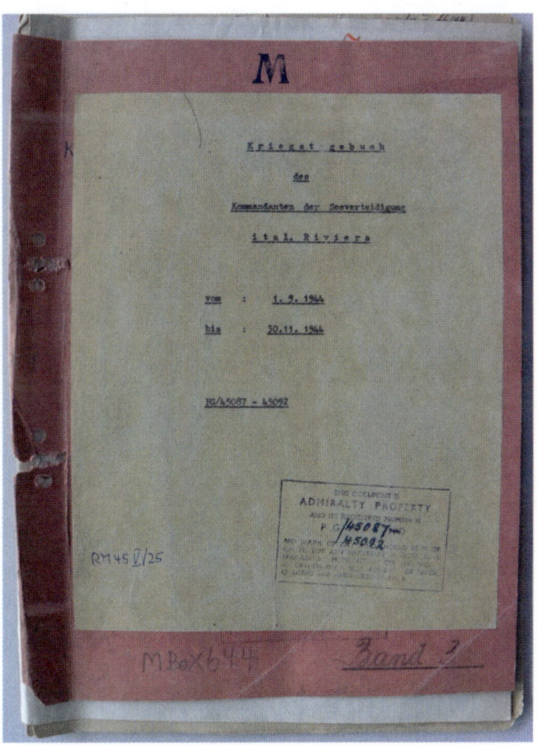
M

Kriegstagebuch

des

Kommandanten der Seeverteidigung

ital. Riviera

vom : 1. 9. 1944

bis : 30.11. 1944

PG/45087 - 45092

THIS DOCUMENT IS
ADMIRALTY PROPERTY
AND ITS REGISTERED NUMBER IS
P G /45087–45092

RM 45 V/25

M Box 644

Band 3

Deckblatt Kriegstagebuch »Seekommandantur Riviera«

In der Bevölkerung wächst im selben Maße die Hoffnung auf das Ende des Krieges und die baldige Befreiung. Etliche Bürger arbeiten aktiv mit den Alliierten zusammen. Auch diese rufen die Italiener zu aktivem Widerstand und Sabotageaktionen auf[94] und versorgen die Brigaden aus der Luft mit Lebensmitteln.[95]

Bereits vom Winter 1943/44 können die Partisanen erste befreite Gebiete ausrufen, »zone libere«, vor allem in Norditalien, der Lombardei, im Friaul und Piemont, bis hin zu kleinen autonomen Republiken, die allerdings nicht immer gehalten werden können.[96] Ein Dreivierteljahr später befreien die Partisanen die toskanischen Orte Pisa, Lucca und Viareggio, auch Pietrasanta, nur gut dreißig Kilometer von Jacobs' Standort entfernt.[97] Mit ihren Aktionen werden die Partisanen zu einer gewaltigen Gefahr für die gesamte Infrastruktur und Kommunikation der deutschen Truppen. Derartig bedrängt, versucht die Wehrmacht sogar, Geiseln in den Dörfern auszuheben, damit diese die Kabelleitungen bewachen.[98]

Ab 1944 schließen sich viele junge Italiener und Italienerinnen an, die sich so dem Einberufungsbefehl der faschistischen Armee entziehen. »Je größer

Partisanen-Brigade »Cento croci«

der staatliche Zwang auf die Jugendlichen wurde, umso höher stiegen die Freiwilligenzahlen bei den Partisanen.«[99] Das gilt genauso für die Italiener, die in den Einheiten der Wehrmacht zwangsrekrutiert sind. Sie fliehen scharenweise, beklagt der Bericht der »Seekommandantur Riviera«:

20.09.1944: Bei einem Transport sind 600 italienische Soldaten desertiert mit den guten deutschen Waffen.

10.10.1944: La Spezia: Italienische Soldaten sind unzuverlässig, müssen rausgenommen werden aus den Einheiten. Mit denen sind Durchkämmaktionen nicht möglich.[100]

Durchkämmaktionen: So nennen die Deutschen das Aufspüren und Zerschlagen von Partisanengruppen - »Banden« oder »Banditen« in der NS-Sprache oder auch »Verbrecherische Elemente, Gesindel, Ungeziefer, Schädlinge«[101]. Damit meinen sie auch ihre eventuellen Unterstützer, die Bauern und Arbeiter und deren Familien.

Ligurien und Toskana sind Regionen mit bergigem Hinterland, einsam, die Wälder und die Macchia oft undurchdringlich - ein fremdes Terrain für die Besatzer, aber vertraut für die Partisanen, denn fast alle jungen Männer und Frauen des Widerstandes sind hier zu Hause. Sie kennen jeden Pfad, jedes enge Bachtal, jede Abkürzung und jedes Versteck, und so sind sie den Besatzern haushoch überlegen. Die Bauern unterstützen sie. Oft kämpfen ihre eigenen Söhne und Töchter in den Bergen für die Befreiung.

Wehrmacht und SS jagen die Partisanen. Viele werden in Kampfhandlungen oder direkt nach der Gefangennahme standrechtlich erschossen, »im Kampf niedergemacht«, heißt es bei der Wehrmacht. Sie werden an Bäumen und in den Dörfern an Laternenmasten aufgehängt, als Freischärler hingerichtet. Wenn sie nicht an Ort und Stelle ermordet werden, droht ihnen die Deportation zur Zwangsarbeit oder in die nationalsozialistischen Konzentrationslager.[102] 23.000 Italiener erleiden dieses Schicksal, ein großer Teil von ihnen Partisanen. Immer mehr solcher Deportationszüge mit jungen Männern, die bei den Razzien, den »rastrellamenti«, festgesetzt werden, rollen im Sommers 1944 ins »Reich«.[103]

In der Deutschen Wochenschau im Deutschen Reich hört sich das so an: Ein mit Flak bestückter improvisierter Panzerzug fährt zum Einsatz in das Bandengebiet. Auf eine im Gebirge erkannte Bandenkolonne wird das Feuer eröffnet. Im Schutze der Flakwaffen gehen Gebirgsjäger der Polizei und Grenadiere der Waffen-SS gegen die Widerstandsnester vor. Truppen des Heeres erklimmen im mühevollen Aufstieg eine Höhe, um von dort aus von Banditen besetzte Häuser anzugreifen. Mit schweren Infanteriewaffen werden die Häuser sturmreif geschossen. Die sich noch wehrenden Reste der Banditen werden im Nahkampf niedergemacht.[104]

Auch für die Dorfbewohner wird das Leben immer gefährlicher, denn die Deutschen rächen sich für jeden Partisanenüberfall unmittelbar und barbarisch an der Zivilbevölkerung. Die Besatzer stellen sie unter den Generalverdacht, »Bandenhelfer« zu sein. Das erste Massaker verüben sie bereits zehn Tage nach dem Einmarsch der Wehrmacht im Ort Boves in der Provinz Cuneo im Piemont. Die Täter: Ein SS-Bataillon der Panzergrenadierdivision »Leibstandarte SS Adolf Hitler«. Diese Mordaktion stellt den »traurigen Archetyp der späteren Blutbäder« dar.[105] In 600 Dörfern und kleinen Städten wüten die Soldaten der Wehrmacht und der SS.[106]

Die deutschen Besatzer vernichten ein Dorf

Die Bewohner der Dörfer und Städte werden in den sogenannten »Vergeltungsaktionen« von Wehrmachts- und SS-Verbänden, meist gemeinsam mit den italienischen »Schwarzen Brigaden«, drangsaliert, gedemütigt, gefoltert und umgebracht. »Bandenbekämpfung, Säuberungsaktion, Sühnemaßnahme, Repressalie« - so nennen die Besatzer ihren blutigen Terror. Ihre Opfer nennen sie »Feindtote« und »Bandenhelfer«.[107] An der Tageordnung: Erschießung und Abbrennen ganzer Dörfer, wie die Lageberichte der »Seekommandantur Riviera« vermelden:

Razzia der Besatzer

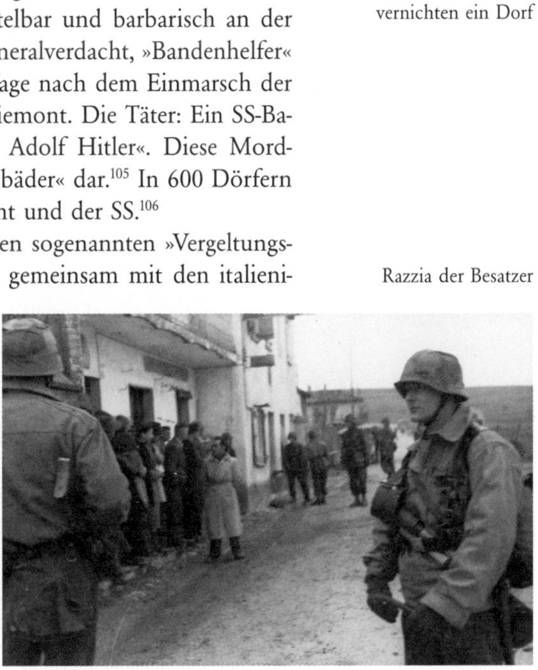

7.9. 1944: Transport von 23 Banditen beschossen. 1 Soldat erschossen. Als Sühne Ort niedergemacht. Angriffe von Partisanen. Säuberungsunternehmen bereits angesetzt.

14.10. 1944: Partisanenhinterhalt, Steffens Kopfschuss. Nachschubkräfte für Vergeltungsaktion bestellt.

22.10. 1944: Dorf Lingueghisetta durchkämmt und niedergebrannt. 4 tote Partisanen. Weitere vermutlich in den Flammen.[108]

Seit dem Frühjahr 1944 wird es jedoch auch für die Besatzer immer gefährlicher. Sie müssen nun Nachtmärsche im Gelände vermeiden und ihre Einrichtungen stärker absichern gegen die Widerstandsbrigaden.[109]

Über die Standorte Genua und La Spezia konstatiert das Kriegstagebuch: »Stadt und Hafen sind so zu sichern, dass Sabotage und Bandenüberfälle abgewehrt werden können.«[110]

Auch dies zählt zu den Aufgaben von Rudolf Jacobs in seinem »besonderen Einsatz«.

Die Deutschen verschärfen nochmals ihre »Sühneaktionen«. Dorfbewohner müssen nun für jede Aktion der Partisanen büßen. Es spielt keine Rolle mehr, ob ein Zivilist Kontakt zu den Partisanen unterhält, ob er sie beherbergt oder ihnen Brot und Käse gibt, ob Familienangehörige bei der Resistenza sind oder ob sie gar nichts mit dem Widerstand zu tun haben, ob es alte Männer, schwangere Frauen oder Babys sind. Kommt ein deutscher Soldat durch Partisanen ums Leben, werden mindestens zehn Zivilisten erschossen. Im späteren Verlauf des Krieges müssen manchmal hundert Menschen für einen toten Deutschen sterben.

Jeder Soldat weiß bei diesen Einsätzen genau, dass es ein Kriegsverbrechen ist, wenn er Zivilisten ermordet und Dörfer niederbrennt. Um etwaige Skrupel und Gewissensnöte bei den Soldaten und SS-Männern von vornherein auszuschalten, verkündet der Oberbefehlshaber Südwest, Generalfeldmarschall Albert Kesselring, am 17. Juni 1944 den sogenannten »Bandenbefehl«.[111]

Er werde, verspricht der Feldherr, »jeden Führer decken, der in der Wahl und der Schärfe des Mittels bei der Bekämpfung der Banden über das bei uns übliche zurückhaltende Maß hinausgeht.« Damit setzt Kesselring den berüchtigten Führerbefehl vom 16. Dezember 1942 um:[112] »Rücksichten gleich welcher Art«, heißt es da, »sind ein Verbrechen gegen das deutsche Volk und die Soldaten an der Front (...) Die Truppe ist dazu berechtigt und verpflichtet, in diesem Kampf ohne Einschränkung auch gegen Frauen und Kinder jedes Mittel anzuwenden.«[113] Schon vor diesem Befehl lautet die Parole: »Banditen sind aufzuhängen.«[114]

Kesselring, der seit April 1944 die Bandenbekämpfung in den italienischen Operationsgebieten leitet, erteilt seinen Soldaten damit einen Freibrief zum Morden, eine »Carte Blanche« für den entgrenzten Terror gegen die Bevölkerung. Jeder Soldat soll gewiss sein: Er bleibt straffrei beim Morden und Brandschatzen: »Zu scharfes Durchgreifen wird bei der derzeitigen Lage niemals ein Grund für eine Strafe sein«, versichert der Kriegsherr. Als Oberbefehlshaber in Italien ist er selbst für mehrere solcher »Sühnemaßnahmen« verantwortlich. Bei einem Partisanenüberfall in der Via Rasella 1944[115] werden 33 Mitglieder des Polizeiregimentes Bozen getötet. Kesselring erteilt den Vergeltungsbefehl: 335 italienische Zivilisten, willkürlich zusammengetrieben, werden in den Ardeatinischen Höhlen vor den Toren Roms kaltblütig erschossen, zehnmal so viele unbeteiligte Zivilisten wie getötete Wehrmachtssoldaten.[116] Beauftragt mit der Organisation des Blutbades ist Herbert Kappler, Kommandeur der

Sicherheitspolizei (SiPo) und des Sicherheitsdienstes (SD)[117] in Rom.[118] Der Ort dieses Massenmordes ist neben Marzabotto der wichtigste Gedenkort und Friedhof Italiens.

Öffentliche Hinrichtung von Partisanen

Der Bandenbefehl sollte bei den deutschen Soldaten etwaige Skrupel ausschalten. Dies, so Lutz Klinkhammer, sei bei SS-Einheiten und Soldaten allerdings gar nicht nötig gewesen, höchstens als Rechtfertigung für später. Nur ganz vereinzelt sollen sich Soldaten aus den Aktionen herausgehalten oder beim Überfall bewusst danebengeschossen haben. Die Methoden des »terroristischen Vernichtungskrieges« haben die meisten schon im Krieg an der Ostfront 1941 eingeübt. Nun werden sie auf Italien übertragen.

Neben Wehrmachtssoldaten und SS-Einheiten sind auch Mussolinis RSI-Soldaten beteiligt, denen ebenfalls freie Hand zum Morden erteilt wird: »Feind verfolgen, bis er tot ist, größte Härte gegenüber Banditen wie auch denen gegenüber, die ihnen helfen.«[119] Es dauerte nicht lange, da wird der »Bandenbefehl« bei den Mordaktionen und dem Brandschatzen ganzer Dörfer als »Parole« ausgegeben.

Im Krieg wird das Kriegsrecht meist schnell abgelöst durch den »Kriegsbrauch«, und das heißt vor allem »regelloses Töten«, schreiben der Historiker Sönke Neitzel und der Politologe Harald Welzer, »Gewalt wird erwartbarer, akzeptabler, normaler als unter Bedingungen des Friedens.«[120] Und »so war es ein Allgemeinplatz, dass man Partisanen umlegte, da sie aus dem Hinterhalt deutsche Soldaten töteten. Rache war eine sehr wirkmächtige Rechtfertigung.«[121] Neitzel und Welzer haben Abhörprotokolle von deutschen Kriegsgefangenen analysiert: Einmal lassen sich zwei von ihnen über eine Razzia im französischen Lisieux-Bayeux aus: »Da haben wir alles umgelegt, alles hingemacht da. Männer, Frauen und Kinder aus dem Bett rausgeholt. Da kannte der (der Vorgesetzte) kein Pardon.«[122] Der Soldat Sommer war im besetzten Italien: »... In jedem Ort, wo wir hinkamen, sagte der (Vorgesetzte) immer: ›Erst mal ein paar umlegen ... Also zwanzig Mann umlegen, dass wir erst mal Ruhe haben hier, dass die nicht auf dumme Gedanken kommen.‹« Das Abhörprotokoll vermerkt »Gelächter«.[123]

Bei den »Sühne-Feldzügen« der Soldaten und SS-Trupps sind oft gar keine Partisanen in der Nähe. Das beweisen die geringe Ausbeute an Waffen und auch die niedrige Zahl der Opfer auf deutscher Seite.[124] Widerstandskämpfer werden zudem bei den Terroraktionen meist gar nicht aufgegriffen, betont Carlo Gentile, was ebenfalls darauf hindeute, dass oft keine Kämpfe stattgefunden haben, sondern ausschließlich Terrorakte gegen Zivilisten. Die Bevölkerung wird in Haft genommen für ein Kriegsgeschehen, in das sie nicht involviert ist.[125]

Daraus machen einige Führer von SS-Einheiten kein Geheimnis: Josef Strauch,

Leiter der Panzer-Aufklärungsabteilung der 26. Panzerdivision, wird am 23. August 1944 mit der Vorbereitung der Razzia in den »Padule di Fucecchio« beauftragt, einem der größten Sumpfgebiete Italiens zwischen Pisa und Florenz. Er soll die dortigen »Banden« zerschlagen. Dabei ordnet der Kommandeur mündlich an, dass alle angetroffenen Zivilisten als Partisanen zu betrachten und unabhängig von Alter und Geschlecht zu töten seien. So sterben 174 Einheimische, die in die Sümpfe geflüchtet sind, im Maschinengewehrfeuer der deutschen Soldaten.[126] Die Opfer auch hier: Vor allem Frauen, Kinder und alte Menschen. Wahrscheinlich haben die Soldaten gar nicht versucht, Partisanen in den Sümpfen aufzuspüren.[127]

Oberleutnant Leopold von Buch ist an der Aktion beteiligt und notiert in seinem Tagebuch: »0.00 Uhr Abmarsch. 5.00 Uhr Bereitstellung. 7.00 Uhr Antreten, keine Partisanen. Frauen und Kinder. Es entstehen z.T. scheußliche Bilder. Sumpf unpassierbar, unzählige tiefe Gräben. Viele Schilfhütten mit Zivilisten, lauter Flüchtlinge aus der Umgebung. Wahnsinnige Hitze. 14 Uhr Ende.«[128]

Bei diesem Terror-Akt ist auch der Bremer Gerhard Deissmann dabei, als Ordonnanz-Offizier der 26. Panzerdivision. Nach dem Krieg wieder in Bremen, schreibt der Geograf etliche Bücher über Norddeutschland und die hanseatische Wirtschaft. Er tritt als großer Liebhaber Italiens auf und ist viele Jahre Mitglied der Deutsch-Italienischen Gesellschaft. Am 3. Dezember 2009 wird er vom Römischen Militärgericht angeklagt wegen der »Beihilfe zum Mord und zu fortgesetzten und schwerwiegenden Gewalttätigkeiten an zivilen Feinden«.[129] Deissmann stirbt in Bremen, während 2010 und 2011 der Prozess in Rom stattfindet. Es bleibt der dringende Verdacht, dass der angesehene Bremer und »Italienfreund« einer derjenigen war, die das Massaker in den Sümpfen von Fucecchio verübt haben.

Die Angst vor den Razzien, den rastrellamenti, lauert längst in jedem Bauern- und Arbeiterhaus, aber zugleich schließen sich immer mehr Menschen den Partisanen an, die immer effektiver an der Seite der Alliierten attackieren.[130] Von Befriedung also keine Spur, ganz im Gegenteil. Das bleibt einigen Vorgesetzten der Wehrmacht nicht verborgen. Sie weisen ein »maßvolleres« Vorgehen an – aber der böse Geist ist aus der Flasche und nicht mehr kontrollierbar.[131] Die Bereitschaft zu hemmungsloser Gewalt und Kriegsverbrechen wird noch gefördert durch eine nazistische »Geringschätzung italienischen Lebens«[132] und durch den Hass auf die »feigen Verräter« wegen der Kapitulation Italiens und des Bruchs der Allianz mit Hitler.

Rund 10.000 Zivilisten sind zwischen Frühjahr und Herbst 1944 von Soldaten der Wehrmacht und Waffen-SS getötet worden, also in der Zeit, in der Rudolf Jacobs in Ligurien stationiert ist, in direkter Nähe eines »der blutigsten Feldzüge des Krieges«, so Carlo Gentile. Die Region des Bremer Soldaten ist besonders heftig umkämpft, vom Val di Taro über La Spezia bis Parma in der Toskana. Überall wird der »Vallo Ligure« von den Partisanen angegriffen, die SS- und Wehrmachtseinheiten reagieren mit exzessiven »Sühne-Feldzügen«. Zivilisten werden in direkter Nähe von Jacobs' Standort ermordet, z. B. bei einer »Durchkämmungsaktion« Anfang August bei Pontremoli, 39 Kilometer nördlich von La Spezia, eine Aktion, bei der 630 Menschen getötet, aber nur 12 Gefangene gemacht werden.[133] Die Wehrmacht stachelt in ihrem »Bandenkrieg« geradezu zu den Massakern auf[134]: Keine Gefangenen, keine Gnade, keine Schonung von Frauen, alten Menschen und Kindern. Die Besatzer können die Partisanen, die sich im unwegsamen Gelände bewegen wie Fische im Wasser, meist nicht aufspüren, statt ihrer werden die Zivilisten in tödliche Geiselhaft genommen.

Gedenkstätte Marzabotto-Monte Solet

Im Freiburger Militärarchiv forsche ich nach Vorfällen in der Region von La Spezia, an Rudolf Jacobs' Standort. In einem der Kriegstagebücher listet der Berichterstatter penibel auf:

7.8.1944: Sechs Kilometer hinter La Spezia Richtung Sestri Levante PKW der Propaganda Kompanie Genua von Partisanen beschossen. Leutnant Mais und Fahrer tot. Ein Säuberungsunternehmen ist bereits für die Nacht ausgesetzt.

17.9.44: Transport von Banditen bei di Bacca neun Kilometer nordwestlich La Spezia beschossen. Ein Soldat verwundet. Als Sühnemaßnahme Ort großenteils niedergebrannt.

25.9. 1944: Unteroffizier heute sieben Kilometer östlich La Spezia erschossen aufgefunden. Als Sühnemaßnahme zehn Geiseln erschossen.[135]

Immer wieder löschen SS und Wehrmacht ganze Dörfer aus: Vallucciole bei Florenz, Sant'Anna di Stazzema bei Lucca, San Terenzo direkt bei La Spezia und vor allem Marzabotto bei Bologna. Dies sind nur vier von vielen Orten des Grauens,[136] die sich in das Gedächtnis Italiens und Europas eingebrannt haben. »In dem schrecklichen Sommer von 1944«, schreibt Luca Maddrignani, »hat der Krieg gegen die Zivilisten ein bis dahin unvorstellbares Ausmaß erreicht und war eine unerträgliche Realität geworden.«[137]

Im Frühjahr 2019 besuche ich Marzabotto, 20 Kilometer von Bologna, 150 Kilometer von Rudolf Jacobs' Standort entfernt. Hier kann man die Überreste von einer der ältesten etruskischen Siedlungen bestaunen. Der Name der Stadt steht jedoch für etwas anderes: Für das größten Verbrechen der Wehrmacht auf italienischem Boden. Hier, in der Bergregion des Monte Sole, verüben SS-Einheiten den größten Mordexzess im besetzten Westeuropa.

Wieder ist die 16. SS-Panzerdivision »Heinrich Himmler« unter Führung des SS-Obersturmbannführers Walter Reder am Werk, verantwortlich für die Durchführung der »Vernichtungsoperation« ist der SS-Führer Helmut Looß und Reders Stellvertreter Walter Simon.[138]

Walter Reder:

Der Österreicher, geboren 1915, tritt früh in die NSDAP ein. Er steigt rasch auf und ist an fast allen Fronten des Zweiten Weltkrieges eingesetzt, in Polen, Russland und Frankreich. An der Spitze der »SS-Panzer-Aufklärungs-Abteilung 16« gelangt er 1944 an die italienische Front und wird im August erst in das Gebiet der Apuanischen Alpen bei Carrara und dann in den Raum Sarzana verlegt. Hier begehen seine Soldaten zahlreiche Kriegsverbrechen gegen die italienische Bevölkerung, insbesondere bei den Massakern

Oben: Gedenkstätte Monte Sole, Patrizia Zanasi - Daniela Fantuzz - Ulrike Petzold

Mitte: Monte Sole: Chiesa di Casaglia

Unten: Monte Sole: »Gocce di Memoria« (Tränen der Erinnerung)

in Bardine di San Terenzo, in Valla und in Vinca.[139] *Die schwersten Vorfälle ereignen sich am Monte Sole bei Marzabotto. 1945 gerät Reder in Kriegsgefangenschaft. Im Jahr 1948 wird er von den britischen Behörden an Italien ausgeliefert und 1951 vom Militärgericht Bologna zu lebenslanger Festungshaft verurteilt. Anders als bei anderen in Italien inhaftierten Kriegsverbrechern verbüßt Reder, in Italien der bekannteste Täter, den die Italiener »il macellaio«, den »Schlächter« nennen, seine Strafe in der Festung von Gaeta. Am 24. Januar 1985 wird er nach langen Regierungsverhandlungen freigelassen und nach Österreich überstellt. Am Wiener Flughafen empfängt ihn der damalige österreichische Verteidigungsminister Friedhelm Frischenschlager mit Handschlag, was eine Krise innerhalb der österreichischen Regierungskoalition von SPÖ und FPÖ auslöst. Reder stirbt 1991 in Wien.*

Am frühen Morgen des 29. September 1944 umstellen die SS-Männer das Gebiet um den Monte Sole. In sechs Tagen ermorden sie mehr als 770 Menschen: Ein »bestialisches Gemetzel« schreibt Lutz Klinkhammer.[140]

Mit Patrizia Zanasi[141] und Daniela Fantuzzi[142] bin ich verabredet. Beide engagieren sich in den Erinnerungsprojekten. Wir steigen den Monte Sole hinauf. Heute erstreckt sich hier ein ausgedehnter Gedenk- und Naturpark mit einzigartigen Pflanzen, die sich nur hier entwickeln konnten, weil niemand mehr auf den Monte Sole zurückwollte. Wir schauen über das gewellte Land des Appenin zwischen den Tälern des Reno und des Sette. Das Laub raschelt, die Vögel singen, friedlich könnte es sein, wenn wir nicht auf Schritt und Tritt den Spuren der Verbrechen begegneten, Tafeln, Stelen und Ruinen der zerstörten Dörfer, zuerst die der Kirche von Casaglia:

Patrizia erzählt, wie die SS-Männer Feuer legten, wie die Menschen Zuflucht in der Kirche suchten und wie Walter Reders SS-Männer eine Gruppe von alten Menschen, Frauen, Kindern und den Priester kaltblütig niederschossen, andere zum Friedhof trieben, wo sie sich in Reih und Glied aufstellen mussten und in den Maschinengewehrsalven starben. »Un ecidio«, sagt Patrizia, ein Gemetzel, das ein einziges Kind überlebt hat, verborgen unter den Leichnamen seiner Familie.

Neben der Kirche haben Kinder der Mittelschule von Marzabotto eine Installation aufgebaut: Die »gocce di memoria«, »Tränen der Erinnerung«, kleine weiße Ton-Tropfen, die im Wind leise Töne erklingen lassen, als Erinnerung an die Opfer.

Im ehemaligen Dorf Cerpiano berichtet Patrizia von der Volksschullehrerin Antonietta Benni, die vergeblich um das Leben ihrer dreißig kleinen Schulmädchen flehte.

Wir erreichen die Ruinen von San Martino. Hier versammeln sich am 25. April viele Menschen aus ganz Italien, Vertreter der Regierung aus Rom, von Marzabotto und die letzten noch lebenden Partisanen zum gemeinsamen nationalen Gedenken am Jahrestag der Befreiung.

Im Jahr 2002 entschuldigt sich hier als erster deutscher Bundespräsident der Sozialdemokrat Johannes Rau für die Verbrechen. »Niemand darf vergessen«, sagt er im Beisein seines Amtskollegen Carlo Azeglio Ciampi, »dass jede Generation sich immer wieder neu den Blick schärfen muss für verbrecherische, menschenverachtende Ideologien. Wir müssen solche Irrlehren bekämpfen, bevor sie Macht über Menschen gewinnen können.« Für Patrizia und viele Italiener ein später, jedoch wichtiger Besuch. Im Jahre 2024 ist er eine brennend aktuelle Botschaft. Wir gehen schweigend zurück.

Am 25. April 2022 nehme ich an den Feierlichkeiten am Gedenkort Monte Sole teil. Nach den Ansprachen in den Ruinen von San Martino gehe ich den Weg zurück. An der schmalen Straße flattern auf einer Leine Dutzende kleiner weißer Tücher im kühlen Frühlingswind. Auf jedem ist in feinem Kreuzstich ein Name aufgestickt. »Es sind die Namen der Opfer«, erklärt mir eine der Frauen, die die Stickereien angefertigt haben. Die Tücher begleiten mich den

Oben: Antonietta Benni mit Schülerinnen

Mitte: Gedenkstätte Monte Sole

Mitte: Monte Sole, nationaler Gedenktag 25. 4. 2022

Unten: Erinnerung an die Opfer des »Nazifacismo«

ganzen Weg entlang bis zur »Scuola di Pace«, der Internationalen Friedenschule, wo auf der Wiese gerade ein Open-Air-Fest mit vielen jungen Menschen beginnt.

Das Massaker auf dem Monte Sole markiert einen Wendepunkt im Kriegsgeschehen: Der Zustrom zu den Partisanen wird noch mächtiger. Italiener desertieren massenhaft, je mehr sie gezwungen werden, gegen ihre eigenen Leute Gewalt anzuwenden. Das vermerkt auch das Kriegstagebuch der Wehrmacht:

»2.10.1944: Viele Überläufer aus den San Marko-Truppen, die ›unzuverlässigen Italiener‹, die auch Tore geöffnet haben, um die Banditen einzulassen, die dann Granaten werfen konnten.«[143]

Die Besatzer wollen mit ihrem Krieg gegen die Zivilisten, der »guerra ai civili«, einen Keil zwischen Bevölkerung und Partisanen treiben, aber das Gegenteil geschieht: Die Reihen gegen den Nacifacismo schließen sich. Die »Partigiani« fordern immer größere Einheiten der Wehrmacht heraus: Ihre Attacken binden nun schon fünfzehn Divisionen der Wehrmacht, also bis zu 300.000 Soldaten und SS-Männer. Klinkhammer spricht nun von »Kombattanten«, also einer Art gegnerischer Armee, einem regulären Partisanenkrieg[144] an der Seite der Alliierten.[145]

Rudolf Jacobs lebt und arbeitet buchstäblich inmitten des NS-Terrors. Er weiß von den Gewaltexzessen. Sie entsprechen der offiziellen Linie der Heeresführung, und sie werden dokumentiert, gedeckt durch Kesselrings Bandenbefehl. Spätestens jetzt werden ihn Zweifel gepackt haben wegen der Massaker an den Zivilisten, in direkter Nähe seiner Einheit im Dorf Pugliola.

Die Entscheidung

Im Sommer 2021 bin ich wieder in Ligurien, reise im »treno regionale« von Sestri Levante nach La Spezia. Entlang der spektakulären Küste der Cinque Terre rauscht er durch lange Tunnel und eröffnet immer wieder Postkarten-Ansichten auf kleine Buchten, Dörfer auf Felsspornen, silbrige Olivenhaine oder steile Hänge voller Weinreben. Ich lausche dem vertrauten Ankunftsbimmeln an den Bahnhöfen und den immer gleichen rasselnden Lautsprecheransagen: »Annuncio ritardo del treno da Genova, Verspätung des Zuges aus Genua, überqueren Sie nicht die Gleise, achten Sie auf Taschendiebe.«

In La Spezia steige ich um in den Bus, der sich über enge Serpentinen nach Pugliola hochschraubt. Oben im Dörfchen über der berühmen Bucht von Lerici reicht das Auge bis zur Halbinsel Portovenere, zu den Hafenanlagen von La Spezia und gen Süden bis zum toskanischen Tellaro. Hier, mitten im Ort, thront über dem Meer eine alte Adelsvilla, und hier ist Rudolf Jacobs im Sommer 1944 mit seiner Einheit untergebracht.

In der Bar frage ich, wer dort wohnt, und erwähne, dass ich auf den Spuren des deutschen Soldaten Jacobs unterwegs sei. Ein Gast, der die Zeitung liest, weiß sofort Bescheid: »Ja, da war damals dieser deutsche Offizier in der Villa, Rodolfo, Il Tedesco. Er ist dann zu den Partisanen gegangen, ein guter Mann.« Fast achtzig Jahre nach dem Krieg ist sein Name hier noch bekannt und hat einen guten Klang. In der Villa, erzählt der »Barista« hinter der Theke, lebe eine betagte Comtessa mit ihrem Diener. Ich trinke meinen Caffè aus und gehe die paar Schritte zu dem Palazzo, der von einer hohen Mauer umgeben ist. Am Tor drücke ich eine eingerostete Klingel, aber alles bleibt still. Vom Gebäude, versteckt hinter Pinien, Lorbeerbäumen und Zypressen, ist nur die Spitze eines efeuumrankten Turmes zu sehen.

Ein Jahr später bin ich wieder hier, und nun steht das schmiedeeiserne Tor offen. Die Eigentümerin, Lady Pupa Carnevale Miniati, ist verstorben und hat ihr Haus dem Dorf vermacht. Nun, nach umfassender Sanierung, ist hier ein Museum ent-

Oben: Die Bucht von Lerici

Mitte: Pugliola: Villa Rezzola

Unten: Villa Rezzola, Gartenseite

Oben: Villa Rezzola, Wohnraum

Mitte: Villa Rezzola, Blick auf das Meer

Unten: Terrasse, Platz von Jacobs

standen: Villa Rezzola. Eine Reisegruppe wird gerade durch den üppigen Park geführt.

Ich steige die Freitreppe hinauf und es öffnet sich die »Bel Etage«: Mosaikboden mit Blumendekor in sonnigen Farben, Rokoko-Sitzgruppen, polierte Tische mit geschwungenen Beinen, Schränke mit Intarsien. An den Wänden Porträts, Stiche und italienische Landschaften in Öl. Ein offener Flügel, gegenüber der Kamin, chinesisches Porzellan auf dem Vertiko. Durch die hohen Fenster flutet das Licht herein, und nach draußen öffnet sich der atemberaubende Blick über die Bucht von Lerici.

Ganz so edel kann es 1944 hier nicht ausgesehen haben, denn die Wehrmacht hat die Villa beschlagnahmt und die Besitzerin ist nach Rom gezogen und dann sind die Soldaten mit ihrem Marschgepäck eingezogen.

Durch die Flügeltüren trete ich auf die Terrasse: 25 mal drei Meter, begrenzt von einer steinernen Balustrade mit gewölbten Säulen, Kapitellen und Terracotta-Vasen. Großzügige Stufen führen in den Garten, der, in Terrassen angelegt, bis zum Meer hinabreicht.

Nun stehe ich genau dort, wo Rudolf Jacobs vor gut achtzig Jahren gestanden hat - ein seltsames Gefühl. So wie jetzt mein Blick muss damals auch seiner über die Zypressen, Magnolien, Oliven- und Kampferbäume, über den kleinen Steineichenwald und die Orangen- und Zitronenbäume geschweift sein.

Ich ziehe die zwei einzigen Fotos aus der Tasche, die Jacobs an diesem Ort zeigen: der schlanke großgewachsene Mann, locker an die Balustrade gelehnt, daneben sein Vorgesetzter Major Edwin Reith und ein weiterer Soldat, vermutlich der Adjutant des Majors. Jacobs, das volle dunkle Haar nach hinten gekämmt, in Sommeruniform mit offenem Hemdkragen. Beinahe könnte er ein Italienreisender sein. Er und Reith, so scheint es, sind in ein entspanntes Gespräch vertieft.

Die Villa mit ihrem erlesenen Interieur ist ab Sommer 1944 voller Soldaten in Uniform, voller Waffen und Munition. Irgendwo wird ein Fernschreiber gestanden haben, ein Raum für den Vorgesetzten, andere Zimmer umgebaut zu Schlafsälen für die Mannschaft. Eine Küche, die Dutzende Männer versorgen muss. Die knappen Vorräte werden durch Beschlagnahmungen bei den Einheimischen aufgefüllt. Die Deutschen richten sich an einem italienischen Traumort ein und stecken doch mitten in einer heftig umkämpften Region dieses Krieges mit täglichem Artilleriebeschuss durch die Alliierten, Gegenangriffen der Wehrmacht und ständigen Attacken der Partisanen. Erstaunlich, dass die Soldaten dennoch ab und an in gepflegter Runde, mit weißem Tischtuch und Blumendekoration, speisen können.

Rudolf sitzt an der Längsseite der Tafel in der Mitte, er wirkt heiter. In diesen Tagen, am 26. Juli, ist er dreißig Jahre alt geworden. Vielleicht zeigt das Foto seine Geburtstagsfeier. Ein Moment der Entspannung mitten im Krieg. Die Kämpfe scheinen weit weg zu sein. Ein trügerisches Bild.

Wie mag es im Dorf zugegangen sein damals: Militärfahrzeuge mit Hakenkreuzfahnen, Soldatenstiefel auf dem Kopfsteinpflaster, Mussolini-Brigaden, SS-Einheiten in ihren schwarzen Uniformen, die requirieren, erschießen, hängen, deportieren. Bilder, die nicht zusammenpassen: die Traumbucht, die Villa, die feine Tischrunde - und die grausamen Besatzer, Rudolfs Kameraden und Landsleute.

Die Reisegruppe des Sommers 2022 ist inzwischen auch auf der Terrasse der Villa Rezzola angekommen. Ein einheimischer Historiker erzählt die Geschichte des Hauses und erwähnt auch einen »Capitano Tedesco«, der von den Italienern hier verehrt werde, ein »Buon Tedesco«. Er meint Rudolf Jacobs.

Wieso ist der Soldat aus Bremen »il Buon Tedesco« gewesen, der gute Deutsche? Was hat ihn von anderen deutschen Soldaten unterschieden? Er arbeitet im Ingenieurskorps der Kriegsmarine unter dem Kommando seines Vorgesetzten Major Edwin Reith, im »Festungspionierstab Italien, Lerici«,[146] an der Aufrüstung der Festungsanlagen und Artilleriestellungen beim Militärhafen La Spezia und entlang der Küste über Lerici bis hin zur toskanischen Punta Bianca.

Oben: Terrasse, Villa Rezzola, Jacobs und Major Edwin Reith

Mitte: Rudolf Jacobs und Major Reith

Unten: Festessen, Rudolf Jacobs (2. von rechs) und Kameraden

Bunker, Befestigungen, Kasematten mit über 130 Schießscharten müssen nachgerüstet oder neu gebaut werden, der »Vallo Ligure«. Major Reith steht unter gewaltigem Zeitdruck, denn die Wehrmacht befürchtet hier eine Landung der Alliierten. Reith beauftragt die Organisation Todt (OT), die paramilitärische Bauabteilung der Wehrmacht, einheimische Firmen und Arbeitskräfte zu rekrutieren. Für seinen erfolgreichen Einsatz erhält er am 1. Mai 1944 ein Lob von seinen Vorgesetzten: »... unter schwierigen Verhältnissen und mit nicht ausreichendem Personal hat er (...)

nur durch seine persönliche Initiative erreichen können, dass die befohlenen Um- und Neubauten von Marine-Küstenbatterien in dem fast 1000 km großen Abschnitt anlaufen konnten.«[147]

Werbeplakat der Organisation TODT: »Italiener, gebt eure Kraft der Organisation Todt für Arbeiten in Italien«

Organisation Todt:

Die Organisation Todt (OT) ist eine der bedeutendsten Sonderorganisationen des NS-Apparates und zentrales Instrument zur Durchführung kriegswichtiger Bauprojekte wie den Westwall, genannt »Siegfried-Linie«, an der Westgrenze des Deutschen Reiches. Nach Kriegsbeginn sind die Todt-Einheiten zuständig für Bauarbeiten in allen besetzten Ländern in ganz Europa.[148] Tausende europäische Baufirmen arbeiten für Todt: 1,5 Millionen Arbeitskräfte, Freiwillige und Zwangsverpflichtete, Kriegsgefangene und auch KZ-Häftlinge[149]. Die OT-Einsatzgruppe Italien wird im Sommer 1943 eingerichtet. Sie kontrolliert und befehligt einheimische Firmen und Arbeitskräfte, auch in La Spezia. Es geht vorrangig um den Stellungsbau an den Küsten. Die OT ist auch für die Beschaffung von Rohstoffen zuständig, muss aber nach Luftangriffen und Beschuss zunehmend Transportwege, Abwehrstellungen und Schienennetze instandsetzen.[150] 8600 italienische Arbeiter schuften allein in der Provinz La Spezia. Die Arbeiter werden in Rekrutierungsbüros mit relativ guten Löhnen angelockt. Außerdem können sie durch eine Beschäftigung bei Todt einer Zwangsarbeit im »Reich« oder einer Einberufung zur italienischen Armee entgehen.[151] Aber die Arbeitskräfte reichen nicht aus für den enormen Arbeitsaufwand. Außerdem beklagen die deutschen Behörden einen Mangel an Disziplin. Wegen der Nähe zur Kriegsfront und der ständigen Luftangriffe kommen die Rekrutierten nicht zur Arbeit. Oft fliehen sie. In etlichen Gemeinden versucht man sogar, italienische Wehrdienstverweigerer und Deserteure für die Arbeit bei Todt zu gewinnen und verspricht ihnen dafür Straflosigkeit.[152] »Die spärliche Anzahl der Freiwilligen ist ein ganz klares Zeichen für die beinahe vollkommene Ablehnung der Besatzungsmacht in der Bevölkerung.«[153]

Der Marinesoldat Jacobs ist eingeteilt, die verfallenen Anlagen aus dem Ersten Weltkrieg aufzurüsten und Strände und Flussmündungen zu verminen. Artillerieabwehren müssen eingerichtet und Panzerhindernisse aufgebaut werden. Deutsche Soldaten, Kriegsgefangene und Zivilbevölkerung schuften im Auftrag von Wehrmacht und Todt, während neben und über ihnen der Krieg tobt. Die Militarisierung der Arbeit ist allumfassend.

Rekrutierung von italienischen Zwangsarbeitern

Natürlich sind die Kenntnisse des jungen Bauingenieurs und Architekten hier gefragt, denn es mangelt an Leuten mit technischen Qualifikationen. Insofern ist gut vorstellbar, dass Major Reith, ebenfalls Architekt, dem jungen Berufskollegen mehr Verantwortung übertragen hat als dies bei Jacobs Dienstgrad[154] eines Marine-Obergefreiten üblich ist.

Bald spricht sich im Dorf herum, dass dieser Soldat anders ist als die verhassten und gefürchteten »Tedeschi«. Daran erinnern sich Dorfbewohner und andere Zeitzeugen. Sie schreiben dies vielfach sofort nach dem Krieg in Berichten nieder. Auch in den Archiven von La Spezia und im Museum der Resistenza in Fosdinovo oberhalb von Sarzana sind Dokumente und Zeitzeugenberichte zugänglich.[155] Sie beschreiben Rudolf Jacobs als einen umgänglichen Deutschen, der schnell Italienisch lernt und freundlich zu den Menschen im Dorf ist. Er setzt sich für sie ein. Er habe verhindert, dass die Wehrmacht die wertvollen Möbel der requirierten Villa abtransportiert, habe Lebensmittel für die Dorfbevölkerung organisiert und versucht, den Schwarzmarkt mit seinen horrenden Preisen einzugrenzen.

Näheres über Jacobs erfahre ich nach meinem Besuch in der Villa Rezzola mittags auf der Piazza von Pugliola, wo ich mit Simonetta Lupi verabredet bin, einer Archäologin, Jahrgang 1966. Sie wohnt unten am Meer in Lerici. In der warmen Mittagssonne erzählt sie mir von ihrem Großvater Edilio Lupi: Er ist während der Kriegsjahre Schweißer im Hafen, geboren in Lerici, Jahrgang 1911, Kommunist, Katholik und Partisan. »Er war ein pittore, ein Maler«, erinnert sich Simonetta, »und hat in der Freizeit zu Hause Bilder gemalt. Als Vater ein »Pugno di ferro«, eine

Edilio Lupi, Jacobs Verbindungsmann bei den Partisanen

eiserne Faust, »als Großvater zu mir jedoch weich und lieb«. Simonetta ist aktiv bei der Partisanenorganisation ANPI in Lerici[156] und bewahrt die Erzählungen ihres Großvaters, der 1986 gestorben ist.

Edilio Lupi, Tarnname Eddo, ist der örtliche Sekretär der Kommunistischen Partei, des Partito Comunista Italiana (PCI), und der Squadra di Azione Partigiana, der SAP[157]. Er ist einer der Organisatoren des landesweiten Generalstreiks im Frühjahr 1944. Hunderttausende Arbeiter in Norditalien treten vom 1. März an geschlossen in den Generalstreik, der sich gegen die Besatzer richtet.[158] Auch in La Spezia stehen alle großen Industrie- und Hafenanlagen still. Die Reaktion der Deutschen ist gnadenlos. Hunderte Streikführer in ganz Norditalien werden festgesetzt und in NS-Lager deportiert.[159]

»Mein Großvater Edilio und Jacobs kannten einander und trafen sich heimlich«, erzählt Simonetta, »Er wusste, dass Jacobs sich nicht nur einmal auf die Seite der Arbeiter gestellt hat, die für die Deutschen an den Befestigungen arbeiteten.« Die Wehrmacht hat ab 1943 begonnen, ganze Dörfer unter Zwang zu rekrutieren für den Ausbau des »Vallo Ligure«. »Wer unter vorgehaltener Waffe aus seinem Dorf zur Baustelle geführt wurde und für die Organisation Todt schanzen[160] musste, leistete Zwangsarbeit, selbst wenn er oder sie abends nach Hause zurückkehrte und zu Hause schlief.«[161] Oft werden die Löhne nicht mehr ausgezahlt, so auch in La Spezia. Edilio Lupi erzählt davon im Film »Il Traditore«, einer »Doku-Fiction«:[162] »Die Leute von Pugliola arbeiteten für Todt an den Befestigungsanlagen. Man hatte ihnen Versprechungen für die Löhne gemacht, die wurden aber nicht bezahlt. Rudolf Jacobs hat sich Rechnungen bringen lassen, hat alles geprüft und die Korrupten bei Todt überführt.«[163] Der Vorfall ist auch im Kriegstagebuch der Wehrmacht dokumentiert, das am 18.9.44 festhält:

»17.36 Uhr: Wie sich jetzt herausstellte, hat die Organisation Todt den Firmen zu wenig gezahlt, dass diese nicht einmal ihren sozialen Verpflichtungen nachkommen konnten.«[164]

»Mein Großvater schätzte ihn, mehr noch: Er achtete ihn und sie haben Freundschaft geschlossen«, erinnert sich die Simonetta. Auch mit dem Gärtner der Adelsvilla habe Jacobs sich getroffen. Davon berichtet Sirio Casini, dessen Sohn, im Film »Il Tradimento«: »Wenn es möglich war, sind die beiden durchs Dorf gegangen, manchmal haben sie ein Eis zusammen gegessen.«[165]

Edilio Lupi hat ihr von den nächtlichen Aktivitäten erzählt: Nach Feierabend auf der Schiffswerft Ansaldo-San Giorgio in Muggiano, La Spezia, verteilt Genosse Lupi Flugblätter, »volantini«. Sie rufen auf zum Widerstand gegen die deutschen Besatzer, zum Kampf für die Befreiung, etliche auch in deutscher Übersetzung. Im Schutz der Dunkelheit kurvt »Eddo«, sein Tarnname, mit dem Fahrrad über die Dörfer und wirft die Zettel in die Postkästen. Auch bei Rudolf Jacobs landen sie im Briefschlitz. Und bei ihm fällt das, was dort zu lesen ist, auf fruchtbaren Boden. Die Aufrufe nähren seine Zweifel und seine Ablehnung des Krieges und der Gewalt gegen die Bevölkerung. Sicher hat er mit Lupi darüber gesprochen und bald auch

Möglichkeiten erwogen, wie er sich dem brutalen Krieg, der längst verloren scheint, entziehen könnte. Und Lupi, der Verbindungsmann zu den Partisanen, wird seinen Genossen in den Bergen berichtet haben von diesem deutschen Soldaten, der darüber nachdenkt zu desertieren. Und so, vermutet Simonetta, habe sich die ungewöhnliche Haltung des »Tedesco buono« herumgesprochen. Es dauert nicht lange, bis Jacobs den Partisanen technische Zeichnungen und logistisches Material zuspielt, berichten etliche Weggefährten. Jacobs muss klar gewesen sein, dass er damit bereits Landesverrat begeht. Und darauf steht die Todesstrafe.

Nach Edilio Lupis Berichten hat Jacobs auch Geld abgezweigt für ein verborgenes heimliches Lazarett der Partisanen in Albareto im Gebiet von Parma. Einige Weggefährten von Jacobs erwähnen dies in ihren Erinnerungen, zum Beispiel Piero Guelfi, der ehemalige Partisan aus Sarzana.[166]

Bei der Rekonstruktion des Weges von Rudolf Jacobs sind die Erinnerungen der Zeitzeugen häufig die einzige Quelle. Aber ihre Berichte erscheinen plausibel: Sie sind zahlreich und werden zumeist direkt nach dem Krieg aufgezeichnet. Zudem wären die Brigadisten der Resistenza ohne die Informationen aus dem Dorf kaum auf Jacobs aufmerksam geworden, vor allem hätten sie keinesfalls Kontakt zu ihm aufgenommen, denn das wäre für die Partisanen immer ein extremes Spionage-Risiko.

Zum ersten Mal ist der Dreißigjährige im Krieg, 1300 Kilometer entfernt von seiner Frau und ohne seine beiden kleinen Jungen. Mehrmals schreibt er Herta, »seinem kleinen Mäuschen«, schwärmt von »Bella Italia« und träumt von einem gemeinsamen Urlaub hier nach dem Krieg. Begeistert berichtete er, dass er der Besitzerin der Villa begegnet sei, die offenbar aus dem römischen Exil zu Besuch gekommen ist. Sie habe ihm versprochen, dass er nach dem Krieg jederzeit mit seiner Familie in der Villa Rezzola die Ferien verbringen könne. Auch die Karte an die Söhne zeugt von dieser Liebe für das »Belpaese«. Kein Wunder: Wer einmal von Pugliola aus über Lerici auf die »Bucht der Poeten« geschaut hat, zur Halbinsel von Portovenere und zur Insel Palmaria, kann sich dieser Verzauberung kaum entziehen. Und gerade Rudolf, Sohn der flachen, windigen und kühlen norddeutschen Tiefebene, muss trotz Gefechtslärm und Dröhnen der Artillerie betört gewesen sein vom Blau des

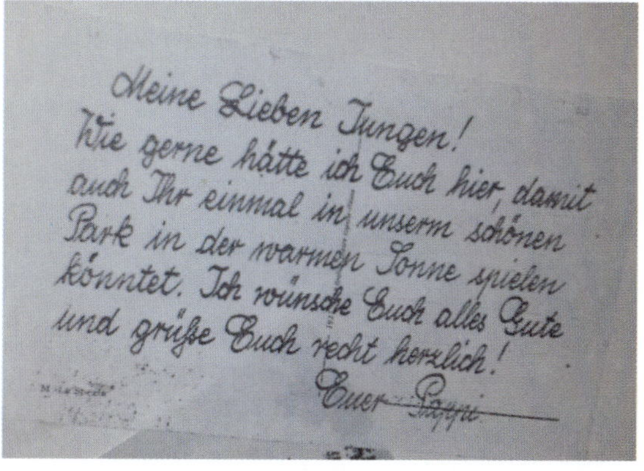
Meine Lieben Jungen!
Wie gerne hätte ich Euch hier, damit auch Ihr einmal in unserm schönen Park in der warmen Sonne spielen könntet. Ich wünsche Euch alles Gute und grüße Euch recht herzlich!
Euer Pappi

Postkarten aus dem Krieg an seine Frau und die Kinder

Rudolf Jacobs mit Söhnen

Meeres und Himmels, vom Silber der Olivenhaine, vom intensiven Licht und dem Duft aus dem Prachtgarten.

Seine zwei wichtigsten Fotos hat er immer bei sich getragen: eines von Herta und eines mit seinen Söhnen im Arm, Rudolf Junior und Wilhelm. Sicher hat er sie abends angeschaut, wenn er auf mal der Terrasse sitzen konnte, hat sich Sorgen um seine Familie gemacht, denn etliche seiner Postkarten sind zurückgekommen. Kein Kontakt, kein Hinweis, ob sie noch am Leben sind, während Bomben auf Hamburg fallen.[167]

Heimweh wird er gehabt haben. So ergeht es vielen Soldaten. Sie sind kriegsmüde, sehnen sich nach Frieden. Sie alle und auch Jacobs haben längst vom »D-Day« gehört, von der Landung der Alliierten am 6. Juni 1944 in der Normandie und vom gescheiterten Attentat auf Adolf Hitler am 29. Juli.

Vermutlich hat er wie viele seiner Kameraden schon lange nicht mehr an einen »Endsieg« geglaubt, spätestens seit der Niederlage von Stalingrad[168]. Ihm wird klar gewesen sein: Der Rückzug der deutschen Wehrmacht ist auch hier im Norden des »Stiefels« an seinen Endpunkt gelangt, die Kapitulation Hitler-Deutschlands nur noch eine Frage der Zeit. Jacobs hat noch nie mit der Waffe in der Hand gekämpft in diesem Krieg, er hat Bunker und Abwehranlagen gebaut. Auch diese Arbeit muss ihm zusehends sinnlos vorgekommen sein. Möglicherweise ist er auch empört über die schlechte Behandlung der zwangsrekrutierten italienischen Bauarbeiter. Aber vor allem weiß er von den Massakern, die deutsche Soldaten und SS-Verbände ganz in seiner Nähe verüben.

Gerade sein Gebiet, zwischen La Spezia und Genua und entlang der Küste Richtung Toskana, direkt an der Frontlinie, ist hart umkämpft: die Alliierten von der Ebene aus auf dem Vormarsch, die Wehrmacht auf dem Rückzug. Und von den unwegsamen Bergen aus operieren die Partisanen. Sie überwachen die schmale kurvenreiche Küstenstraße, attackieren Waffenlager und organisieren Sabotageakte: Im Mai 1944 verüben sie einen Anschlag auf das Kino »Odeon« in Genua[169], in dem ausschließlich deutsche Soldaten Filme gucken. Die Reaktion der Besatzer: Sie treiben im Gefängnis von Genua willkürlich 59 italienische Häftlinge zusammen, verschleppen sie in die Berge in die Nähe des Gebirgspasses von Turchino und erschießen alle am 19. Mai 1944. Ihre Leichen werden erst nach 1945 exhumiert.[170] »Über der Grube oder an ihrem Rand lagen lange Holzbohlen, auf die die Opfer klettern mussten. Die beiden Erschießungskommandos (...) wechselten sich bei den Tötungen ab. (...) Diejenigen, die nicht sofort starben, wurden von einem SS-Angehörigen mit einem Schuss in den Hinterkopf getötet. Im Hamburger Prozess 2002 identifizierte ein Zeuge diese Person als den damaligen SS-Sturmbannführer Friedrich Engel.«[171] Jacobs wird gehört haben von diesem Verbrechen am Turchinopass, ganze 10 Kilometer von seinem Standort entfernt.

Terroraktion der deutschen Besatzer

Er ist regelrecht umzingelt von den Massakern, die immer näher an ihn heranrücken. Nur fünfzig Kilometer von Pugliola, Jacobs' Standort, liegt die Gemeinde Sant'Anna di Stazzema, ein Bergarbeiterdorf in den toskanisch-apuanischen Alpen. Hier ermorden SS-Einheiten zwischen dem 8. und 12. August 394 Bewohner des Dorfes und der Umgebung. Sie werden mit Maschinengewehren »niedergemacht«, die Leichen anschließend verbrannt. Es ist das erste Dorf, das von Einheiten der Division »Reichsführer-SS« komplett vernichtet wird.[172]

Im zwanzig Kilometer entfernten Bardine di San Terenzo erschießen die Männer der 16. SS-Panzergrenadier-Division »Reichsführer SS« unter dem Befehl von Max Simon und Walter Reder am 19. August insgesamt 159 Menschen.[173] Bei einem Schusswechsel mit Partisanen sind zuvor sechzehn SS-Angehörige getötet worden. Der »Vergeltungsakt« folgt unmittelbar. Die SS-Männer töten in Bardine Zivilisten und setzten die Gebäude in Brand. Danach erschießen sie auf dem Bauernhof Valla deren Frauen und Kinder, die aus Angst geflohen sind. Die Bilanz: 159 Opfer, das jüngste zwei Monate alt, das älteste 80 Jahre, so gut wie keine Überlebenden. Wenige Tage später, am 24. August, ermordet dieselbe SS-Einheit gemeinsam mit Schwarzen Brigaden im benachbarten Vinca 162 Zivilpersonen, vor allem Frauen, wieder eine sogenannte »Vergeltungsaktion«. Vorher haben Partisanen Befestigungsanlagen attackiert, bei denen ein Deutscher ums Leben gekommen ist.[174]

Diese Einzelheiten kann Jacobs nicht kennen, aber ganz sicher weiß er von den »Rachefeldzügen«, Hunderte in seiner direkten Umgebung. Wahrscheinlich hat ihn die Vorstellung gequält, dass auch er gezwungen werden könnte, an Geiselerschießungen und Todeskommandos teilzunehmen. So sagt er sich in diesem Sommer der entfesselten Gewalt seiner Landsleute: Abwarten und Resignieren reichen nicht, »ich muss etwas Definitives machen, ich gehe zu ›ihnen‹«.[175]

Durch Edilio Lupi, den Kontaktmann in Pugliola, wissen die Kommandeure der Partisanen-Brigade »Ugo Muccini« von dem Deutschen. In der Doku-Fiction »Il Tradimento« berichtet der Comandante Piero Galantini, Deckname »Federico«: »Wir erfuhren von unseren Leuten, dass dieser deutsche Offizier Sympathien für die Bevölkerung hegte und dass er sie hier und da gegen Repressionen und Aggressionen der Faschisten geschützt hat. Dann haben wir gehört, dass er Kontakt wünsche mit den Partisanen, wir haben beschlossen, erst mal Vorsicht walten lassen.«[176]

Und so trifft Rudolf Jacobs die folgenschwerste Entscheidung seines Lebens. Er verlässt an einem Morgen, vermutlich im August 1944, seine Dienstvilla, in voller Uniform. Er steigt in einen Armeewagen, berichten die Zeitzeugen. Sie sprechen auch von einem weiteren Soldaten, einem »Adjutanten«, der ihn begleitet habe. So wird es auch später in den italienischen Filmen, Theaterstücken, Comics und Büchern über Jacobs weitererzählt. Es liegt jedoch nahe, dass Jacobs keinen Adjutanten hatte, denn er war ein Marine-Obergefreiter, und mit diesem eher niedrigen militärischen Rang hätte ihm ein Adjutant nicht zugestanden.[177] So könnte er Pugliola mit einem Kameraden verlassen haben, der wie er desertieren will.[178]

Dass Jacobs bei der Flucht Uniform trägt und in einem Militärwagen fortfährt, liegt nahe: Es ist die beste Tarnung, denn es geht gerade turbulent zu in seiner Marine-Einheit, die wegen der Angriffe der Alliierten nach Genua verlegt werden soll. Der Standort La Spezia soll vermint, gesprengt und aufgegeben werden wegen der alliierten Angriffe und der massiven Attacken der Partisanen. Die Marineeinheiten sollen in die Infanterie eingegliedert werden.[179] Diese Unruhe nutzt Jacobs.

Seine Entscheidung ist gefallen: Er will in die Berge, »ai monti«, zu den Partisanen, die hinter Sarzana und Pugliola kämpfen. In den Wochen vorher hat er den Kontakt zu Edilio Lupi vertieft und ihm Pläne von den Bunkern übergeben, hat die Ernsthaftigkeit seiner Absicht unter Beweis gestellt. Ein riskanter, lebensgefährlicher Weg liegt vor dem abtrünnigen Marinesoldaten. Nun ist er ein »Vaterlandsverräter«. Edilio Lupi, der Kommunist aus Sarzana, bezeugt bei den Partisanen, dass der Deutsche sauber ist, er bürgt für ihn, berichtet Simonetta Lupi. Dennoch wird Jacobs zunächst zu Vertrauten der Partisanen in ein Versteck in den Bergen hinter Pugliola, in die »località le Catene«, geleitet.

Hier wohnen Corrado Rebolini und Stella Corsi[180], ein junges Ehepaar mit zwei Kindern.

Corrado ist Sozialist, Stella »Stafetta«, Kurierin für die Partisanen, wie viele junge Mädchen und Jungen der Region. Sie bringt »bigliettini«, politische Botschaften, zu den Partisanen. Munition schmuggelt sie in Brennholzkörben, Waffen verbirgt sie unter den Kleidern, Dokumente in der Unterwäsche. »Manchmal steckte ich mir ein Kissen unter das Kleid, um so zu tun, als sei ich schwanger.«[181] Auch ihren zehnjährigen Sohn Mario hat Stella mit Botschaften zu den Partisanen geschickt.

Gefährlich ist das alles für sie und ihren Mann: »Ja, wir waren mehrfach Zielscheibe: Ziel der Deutschen, der SS und der italienischen Faschisten. Die haben in einer Razzia meinen Neffen und über 30 Leute im Nachbardorf ermordet. Auch meinen Mann haben sie aufgegriffen und gefoltert. Ich weiß nicht, wie er das überlebt hat.[182] Aber auch die Partisanen haben einiges von uns erwartet.« So haben die beiden den »Capitano di Brema« in ihrem Häuschen versteckt und versorgt, mehr als einen Monat lang. »Er konnte den Faschismus nicht mehr ertragen, vor allem nicht die fürchterlichen Razzien und Massaker«, erinnert sich Stella im Jahr 2013 als gefeierte Hundertjährige in einem langen Interview, »Die Partisanen haben ihm erst mal nicht vertraut, sie wollten diesen Ingenieur und Architekten nicht mit hoch nehmen in die Berge, aber dann haben sie ihn doch aufgenommen. Ich habe ihn nie als Gefahr gesehen.«

Für Rudolf Jacobs gibt es kein Zurück mehr. Er ist Fahnenflüchtiger, »fuggito dalla bandiera« und mehr: ein Überläufer. Darauf steht bei der Wehrmacht die Todesstrafe. Zudem droht seinen Angehörigen in Deutschland Gefahr, denn das NS-Regime verhängt bei Fahnenflucht sofort Sippenhaft über die Familie, was mindestens Repressalien oder auch Lebensgefahr bedeutet. Also muss Jacobs so geräuschlos wie möglich verschwinden und darf keine Spuren hinterlassen, die zu Herta, den Kindern und den Eltern in der Bremer Friedrich-Missler-Straße führen könnten. Er hofft, dass sein Fehlen im Chaos von Rückzug und Kämpfen nicht auffällt, denn in diesen Tagen werden ständig Soldaten als vermisst gemeldet, sodass die Feststellung eines »Kriegsversprengten« zunächst keine weiteren Nachforschungen nach sich zieht.[183] In seiner Einheit schöpft man zunächst keinen Verdacht.

Das bestätigt auch der Brief, den Jacobs' Vorgesetzter Major Reith viele Wochen später, Ende Dezember 1944, nach Francop an Herta Jacobs schickt: Ihr Mann werde seit Oktober 1944 vermisst, schreibt er. Jacobs allerdings hat sich schon zwei Monate vorher abgesetzt.[184]

In seinem Unterschlupf bei Corrado und Stella darf er das Zimmer nicht verlassen, um seine Gastgeber nicht zu gefährden. Und natürlich dient dieser »Arrest« dazu, ihn weiter auf die Probe zu stellen.

Um seine wachsende Unruhe zu besänftigen, fertigt er aus der Erinnerung Zeichnungen von den Abwehrstellungen und Bunkern an der Küste an. Bis am 3. September 1944 die ersehnte Nachricht eintrifft: »Heute Abend am Calcandola, die Leute von der Resistenza warten auf Dich.«

In die Berge

Oben: Fluss Calcandola bei sarzana

Unten: Piero Galantini, Kommandant der Partisanenbrigade »Ugo Muccini«

An einem sonnigen Septembernachmittag 2022 machen wir uns auf den Weg zum Fluss Calcandola im Norden von Sarzana: Denise Murgia, Vorsitzende der ANPI Sarzana[185], Heinrich, mein Mann, mit der Kamera und ich. An einer Furt des Flüsschens halten wir.

Genau an dieser Stelle wartet am Abend des 3. September 1944 »Federico«. Natürlich ist dies nur ein Deckname. Es ist Piero Galantini, der Kommandant der »Brigata Ugo Muccini«[186] höchstpersönlich, ihm zur Seite zwei Kameraden. Sie sind nervös, denn in direkter Nähe beginnen die Häuser von Bradia, einem Vorort von Sarzana, besetzt von den Deutschen und von den »Brigate Nere«. Und es ist Vollmond an diesem Sonntagabend. Galantini erwartet den deutschen Deserteur Rudolf Jacobs.

An diesem Ort des konspirativen Treffens starten wir unsere Wanderung auf den Spuren von Rudolf Jacobs. »Ai monti«, hinauf in die Berge, wie die Partisanen sagten.

Die Spannung ist fühlbar. Keiner spricht. Die Sorge, diese Begegnung könnte sich als gefährliche Falle entpuppen, lässt Comandante Federico nicht los. In seinen späteren Aufzeichnungen erinnert er sich genau an diesen Abend. »Wir saßen und warteten lange, es war ein diesiger und stiller Abend, nur unterbrochen vom Bellen der Hunde, das von einer Seite des Tals zur anderen sein Echo warf. Dieses Warten und diese Stimmung nährten unsere Zweifel und ließen unsere Herzen klopfen.«[187]

Wir steigen langsam bergauf, die Ufer des Calcandola links unseres Weges sind dicht bestanden mit Steineichen, Pappeln, Kastanien und Macchia, durch die sich die Sonnenstrahlen ihren Weg suchen.

Hier kommen an jenem Abend, vermutlich am 3. September 1944[188], Jacobs und sein Begleiter unbewaffnet [189] auf die Partisanen zu[190] - ein riskanter Moment für die drei Muccini und ein schicksalhafter für Jacobs, denn für ihn gibt es keinen Weg mehr zurück. Der deutsche Soldat hat unwiderruflich die Seite gewechselt. »Dann kam er«, schreibt Galantini später, »im Dämmerlicht konnte ich sein Gesicht nicht gut erkennen, aber vorerst genügte ein langer kräftiger Händedruck, und ich war beruhigt. Es war spontane Sympathie und später Freundschaft, die uns schnell verbanden.«[191] Der Kamerad, der mit Jacobs desertiert ist, vermutlich ein »Paul« aus Österreich[192], ist mit ihnen unterwegs.

Sie brechen auf und wandern auf geheimen Pfaden durch die Berge. »Jacobs in wohlüberlegtes Schweigen gehüllt, wir mit dem Wunsch, ihm viele Fragen zu stellen.«[193] Dann und wann treffen die fünf auf versteckte Wachen, tauschen die geheime Parole aus und bahnen sich weiter ihren Weg durch die Nacht.

Leise müssen die Männer sein wegen der unmittelbaren Nähe der Deutschen. Kein Feuerzeug oder Streichholz darf aufflackern, keine Zigarette glimmen. Alles hier ist vertraut für

die Italiener, aber unheimlich und fremd für den »Überläufer«.

Denise Murgia führt uns über eine schmale Brücke, die auch die Partisanen damals überquert haben. Wir erreichen den Weiler Giucano. Bald öffnet sich der Blick über die Hügel, über Zypressen und Oliventerrassen zum Meer, ein traumhaftes Panorama, das sich weitet, je höher wir steigen.

Die Partisanen kontrollieren 1944 die Berge oberhalb Sar-

Oben: Auf den Spuren der Partisanen: Ulrike Petzold und Denise Murgia

Mitte: Carignano, oberhalb von Sarzana

Unten: Brunnen am Ortseingang in Canepari

Partisanen-Brigade »Ugo Muccini«

zanas, aber in ihren Verstecken sind sie sich der Gefahren sehr wohl bewusst, denn nur einige Kilometer weiter östlich, im Schloss Castello Malaspina di Fosdinovo, residiert eine Einheit der Deutschen. Ein geschichtsträchtiger Ort: Der berühmteste Gast, Dante Aligheri, Autor der »Göttlichen Komödie«, hat im Jahr 1306 hier für lange Monate eine Zuflucht bei den Grafen von Malaspina gefunden, nachdem ihn die Herrscher von Florenz unter Androhung des Todes durch Verbrennen aus der Stadt vertrieben hatten.

Nach zwei Kilometern Anstieg passieren wir Carignano, das Dorf, in dem Jacobs bald seinen ersten bewaffneten Einsatz als Partisan erleben wird - der erste seines Lebens überhaupt. Schließlich, nach gut drei Stunden Fußmarsch, erreichen wir unser Ziel: Canepari.

Am Ortseingang plätschert es in einem alten gemauerten Brunnen. Aus der hohlen Hand trinken wir von dem kühlen Wasser. Die enge asphaltierte Straße mündet in eine Piazzetta, umstellt von kleinen, meist unverputzten einstöckigen Steinhäusern. Es ist still, wir spüren nur den leisen Wind und hören das Zwitschern der Lerchen und Amseln. Niemand ist unterwegs. Hier befindet sich 1944 das Kommando der »Brigata Ugo Muccini«.

Brigata »Ugo Muccini«

Wie die meisten Partisanengruppen in Norditalien gründet sich la »Brigata Garibaldina Ugo Muccini« am 27.12.1943 nach der Kapitulation Italiens vom 8. September 1943. Sie setzt sich zusammen aus verschiedenen Gruppen, die in den Bergen oberhalb von Sarzana operieren, die meisten

Canepari, Sitz des Partisanen-Kommandos, 1944

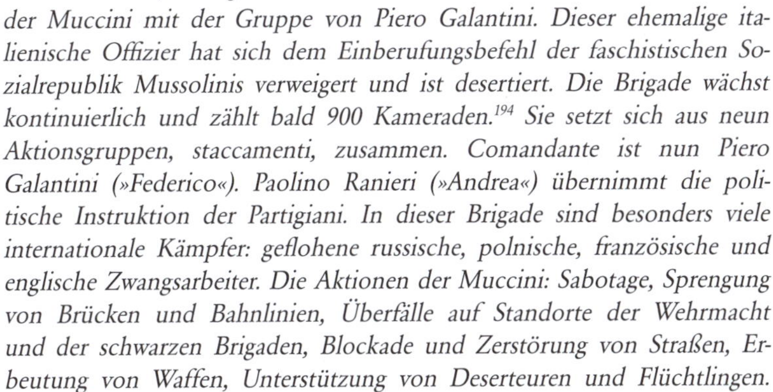

Kommunisten. Wie alle Partisanenbrigaden sind sie im »Comitato di Liberazione Nazionale« (CLN) zusammengeschlossen. Sie starten Aktionen in der Region, vor allem gegen die faschistischen »Schwarzen Brigaden« und deren Hauptsitz in Sarzana. Unter der Leitung von Flavio Bertone, Tarnname »Walter«, befreien sie am 11. Juni 1944 das Dorf Bardi und rufen das befreite Gebiet Val Taro aus, das bald danach jedoch von Wehrmacht und SS in einer gewaltsamen Gegenaktion zurückerobert wird. Nachdem die alliierten Streitkräfte Rom erreicht haben, erfolgt der Zusammenschluss der Muccini mit der Gruppe von Piero Galantini. Dieser ehemalige italienische Offizier hat sich dem Einberufungsbefehl der faschistischen Sozialrepublik Mussolinis verweigert und ist desertiert. Die Brigade wächst kontinuierlich und zählt bald 900 Kameraden.[194] *Sie setzt sich aus neun Aktionsgruppen, staccamenti, zusammen. Comandante ist nun Piero Galantini (»Federico«). Paolino Ranieri (»Andrea«) übernimmt die politische Instruktion der Partigiani. In dieser Brigade sind besonders viele internationale Kämpfer: geflohene russische, polnische, französische und englische Zwangsarbeiter. Die Aktionen der Muccini: Sabotage, Sprengung von Brücken und Bahnlinien, Überfälle auf Standorte der Wehrmacht und der schwarzen Brigaden, Blockade und Zerstörung von Straßen, Erbeutung von Waffen, Unterstützung von Deserteuren und Flüchtlingen.*

Das ehemalige Haus des Kommandos in Canepari ist seit einigen Jahren restauriert und in kräftigem Rot gestrichen. 1944 laufen hier die Fäden der verschiedenen »staccamenti« zusammen. Hier fallen die Entscheidungen. Und hier sind an jenem Abend vermutlich alle zusammengekommen, um den Deutschen zu befragen und erneut zu prüfen[195]. Überall gehen die Gerüchte von falschen Deserteuren und Spionen um, und gerade hat es Anordnungen an alle Partisanenverbände gegeben, äußerst vorsichtig mit deutschen Überläufern zu sein.

In dieser Septembernacht muss Comandante Federico definitiv entscheiden, ob Jacobs »sauber« ist oder ein Spion, ob die »Muccini« ihn aufnehmen können.

DESERTION:

Es liegen nur wenige verlässliche Zahlen über Deserteure vor. 1943 bis 1945 ist eine Million deutscher Soldaten in Italien stationiert. Die Deserteure machen nach Ansicht der Experten etwa zehntausend aus, ungefähr ein Prozent.[196] *Der Historiker Dr. Francesco Corniani nennt 641 Überläufer allein aus der 10. Armee zwischen Dezember 1943 und Juli 1944.*[197] *Der ehemalige Partisan und Autor Roberto Battaglia*[198] *geht davon aus, dass in allen Gegenden Norditaliens Deutsche zu den Partisanen übergelaufen sind.*

Viele Deserteure sind anderer Nationalität, zum Beispiel die sogenannten Volksdeutschen, zwangsverpflichtete Polen, Ukrainer und Russen, Österreicher und Luxemburger. Diese nicht-deutschen Soldaten haben besondere Motive. Sie leiden in den Einheiten der Wehrmacht unter Diskriminierung ihrer reichsdeutschen Kameraden. So nennt ein desertierter polnischer Wehrmachtssoldat während des Prozesses gegen ihn in Verona als Hauptgrund für seine Flucht, die Kameraden hätten ihn und seine Landsleute geschlagen und als »polnische Schweine« beleidigt.[199]

Alle Deserteure versuchen ihre Spuren zu verwischen, sodass von einer großen Dunkelziffer auszugehen ist. Außerdem werden zum Ende des Krieges, als die Desertion zum Massenphänomen wird, die Vorfälle gar nicht mehr verzeichnet. Schließlich sind die Bestände in den Archiven unvollständig, vernichtet oder verloren gegangen.[200] In jedem Fall laufen im Sommer und Herbst 1944 Hunderte Soldaten der Wehrmacht und auch der Waffen-SS zu den Partisanen und vor allem zu den Alliierten über. Sie sind Zeugen von schrecklichen Kriegsverbrechen geworden oder haben daran teilgenommen.[201]

Die Desertion, die »unerlaubte Entfernung von der Truppe« zieht in der Regel die Todesstrafe nach sich, wegen »Feigheit vor dem Feind«, Wehrkraftzersetzung, Defaitismus und vor allem »Kriegsverrat«, wegen »Vergehen gegen Manneszucht und die Deutsche Ehre«. Als »Wehrkraftschädlinge« werden sie tituliert. 35.000 Kriegsgerichts-Prozesse werden angestrengt, 22.750 Todesurteile verhängt, 15.000 davon vollstreckt.[202] Die Urteile müssen schnell vollzogen und auch propagandistisch bekannt gemacht werden, um Nachahmer abzuschrecken. Wer nicht hingerichtet wird, muss per Zwangsversetzung in ein tödliches Strafkommando, zum Beispiel an die Ostfront. Nicht mitgezählt sind die vielen standrechtlichen Erschießungen vor Ort ohne jegliches Verfahren. Corniani geht von etwa dreitausend Todesurteilen allein in der 10. Armee aus.[203]

Carlo Greppi berichtet vom Friedhof Urbano dei Boscetti in La Spezia, wo 297 deutsche Soldaten beerdigt sind, zwölf von ihnen aber in einer »zona isolata«, einem abgetrennten Gebiet. Sie wurden ermordet zwischen dem 30. September 1943 und November 1944. Es sind jene, die die Höchststrafe für »Defaitismus und versuchte Desertion« bekommen haben und die meist von »fliegenden Standgerichten« erschossen wurden. Die Männer mussten ihre Uniformen ausziehen, ihnen wurden die Augen verbunden, sie wurden an einen Pfahl gestellt und von einer Abteilung von 12 Männern mit einem Schuss ins Herz hingerichtet.[204]

Warum entscheidet sich ein Soldat trotz dieser tödlichen Drohung zur »Fahnenflucht« eventuell sogar, auf die Seite des Feindes überzulaufen? Die Motive sind vielfältig und vielschichtig: Immer häufiger ist in den Wehrmachtsberichten die Rede von sinkender Moral der Soldaten. Spätestens 1944 glaubt kaum einer noch an den »Endsieg«, inmitten von Rückzug und Auflösungserscheinungen, angesichts zerstörter Nachschubwege und Festungsanlagen, des Vormarsches der angloamerikanischen Truppen sowie der immer heftigeren Attacken der Befreiungskämpfer. Der Wunsch, einem verlorenen Krieg zu entkommen, eint sicher alle, die ihre Stellung verlassen. Die Soldaten sind kriegsmüde, haben Angst, kurz vor Ende des Krieges noch zu sterben. Oft leitet sie die Hoffnung, beim Überlaufen zu den Alliierten besser dazustehen als bei einer Gefangennahme. Diese Männer wollen ganz einfach ihr

Leben retten, sie wollen nach Hause, und sie haben Angst um ihre Angehörigen in Deutschland. Einige entstammen einem antifaschistischen Milieu, ihre Entscheidung kann als klares Bekenntnis gegen den Faschismus, gegen Hitler und seinen Krieg gedeutet werden. Mehrere Soldaten berichten später, sie seien von Propaganda-Flugblättern der Amerikaner ermutigt worden, diesen Schritt zu gehen.[205] Eine Portion Abenteuerlust mag auch manchmal beim Weg ins Ungewisse mitgespielt haben. Meist ist es ein spontaner Entschluss, weil sich die Gelegenheit bietet: Ein Moment des Rückzuges, Wachdienst ohne Kameraden, ein unbeobachteter Moment in der Dunkelheit, oder - wie bei Jacobs - während einer Verlegung von Truppenteilen. Manchmal treffen Soldaten auf Einheimische, die ihnen Hilfe anbieten. Allerdings ist das lebensgefährlich für die Italiener: Wenn die Deutschen sie dabei entdecken, werden sie sofort erschossen.[206]

Wer einmal seine Einheit verlassen hat, braucht Unterschlupf. Auf dem Land ist es meist relativ einfach, erst mal unterzutauchen. Die gesamte Armee befindet sich schließlich im Rückmarsch, es herrscht großes Durcheinander in den Einheiten. »Sich allein über die Frontlinie zu den Alliierten durchzuschlagen, ist lebensgefährlich. So haben sich sehr viele, die desertierten, mit den Partisanen in Verbindung gesetzt. Sie mussten sich ja irgendwie retten! Sie konnten nicht in die Heimat zurück. Sich zu verstecken ohne Hilfeleistung der Bevölkerung, ging nicht.«[207] Jeder, der seine Stellung für immer verlassen hat, braucht Zivilkleidung, Nahrung und Unterschlupf - wer kann da schon helfen, wenn nicht die Partisanen? Immer bedeutet dieser Schritt ein hohes Risiko, nicht nur wegen der deutschen Armee, die ihnen mit der Todesstrafe droht. Zugleich können sie nicht wissen, wie die Partisanen auf sie reagieren. Carlo Gentile betont, dass der Schritt von Jacobs lebensgefährlich war, denn oft werden gerade Deutsche, die zu den Partisanen kommen, erschossen.[208] Für die Resistenza ist es zudem hoch gefährlich, wenn Wehrmacht oder SS geflohene Soldaten wieder aufgreifen. Oft haben diese dann unter Folter Informationen über die Partisanen preisgegeben, um ihre Haut zu retten. Und letztlich gibt es nirgendwo, auch nicht bei den Partisanen, ein Entrinnen vor der Bedrohung des allgegenwärtigen Krieges. Für jeden Soldaten, der desertiert, ist es jedoch eine definitive Entscheidung gegen einen brutalen Krieg, gegen den Nationalsozialismus und die tödlichen Razzien gegen die Zivilbevölkerung. Diese Soldaten wollen raus aus der menschenverachtenden Maschinerie.

Schließlich können die Überläufer eine wichtige Rolle für den Widerstand spielen. Sie schwächen die Wehrmacht, und vor allem haben sie das Kriegshandwerk gelernt, im Unterschied zu vielen Partisanen, die noch nie eine Waffe in der Hand gehalten haben.[209] Die Mehrheit der Fahnenflüchtigen sucht jedoch nur Hilfe, um über die Kampflinie zu den Alliierten zu kommen.

Rudolf Jacobs aber will etwas ganz anderes: Er will gegen die deutschen Aggressoren kämpfen, gegen die Armee, mit der er nach Italien gekommen ist. Er will nicht fliehen, sondern die Seite wechseln. Nur wenige Deserteure treffen diese radikalste aller Entscheidungen, »di passare al nemico«, auf die Seite des »Feindes«, überzulaufen und mit den Italienern gegen die eigenen Landsleute zu kämpfen. Jacobs hat das »biglietto di solo andata« gewählt - das Ticket ohne Rückfahrkarte und die unmittelbare Lebensgefahr. »Dieser Jacobs aus Bremen«, fasst Historiker Klinkhammer

Paolino Ranieri »Andrea«, politischer Leiter der Partisanen-Brigade

zusammen, »war einer von vielen Deserteuren, aber dennoch war er eine besondere Erscheinung.«

Genau das empfindet »Comandante Federico«. Er hat sich bei der Zusammenkunft im Kommando von Canepari längst für Jacobs entschieden. »Das natürliche Misstrauen gegenüber Deutschen war einfach verschwunden. Ich empfand Sympathie, Bruderschaft im Kampf und Übereinstimmung der Gedanken. Das verband mich sofort mit ihm. Seine Großherzigkeit, die Treue und der stolze Wille, für das leidende Volk zu kämpfen, seine ehrliche Seele. Und ich habe mich nicht geirrt.« [210]

Auch der politische Leiter der Brigade, Paolo Ranieri, der spätere Bürgermeister von Sarzana, vertraut dem Deutschen. Sein Sohn, der den Tarnnamen seines Vaters »Andrea« trägt, beschreibt in seinem Buch »Mio babbo partigiano«, »Mein Papa, der Partisan«, wie dieser den Deutschen sehr genau beobachtet, wie er vermittelt zwischen Jacobs und den jungen, kommunistischen Brigadisten, die skeptisch sind. Jacobs bekennt ihnen gegenüber schnell, dass er kein Kommunist sei: »Ich bin ein Deserteur unter den Partisanen«, soll er bescheiden erklärt haben.[211] »Es ist nicht leicht, ein richtiger Kommunist zu sein. Dazu gehört ein sehr großes Herz.« Schließlich vertrauen auch die jungen Kameraden dem stillen Mann mit den ernsten Zügen, der seine deutsche Uniform für immer abgelegt hat. Was sie in jedem Fall verbindet, ist das Ziel der Befreiung. Und so tritt der Bremer unter dem Decknamen »Primo« als »erster Deutscher« ein in die »Brigata Garibaldi Ugo Muccini, zona operativa IV«.[212] Und es dauert nicht lange, da sprechen sie mit Achtung von einem »aufrichtigen, ehrlichen und guten Menschen mit tiefen Gefühlen«.[213] Galantini berichtet, dass Jacobs vom ersten Moment an einfach »Rodolfo« heißen und keine Sonderrolle spielen wollte. Er habe die italienische Trikolore an sein Partisanenhemd gesteckt und auch das rote Halstuch der Muccini-Partisanen getragen. »Bald war er für uns nicht mehr der Fremde, der ›Tedesco‹, verantwortlich für die vielen Verbrechen. Er war unser Bruder. Wir waren uns einig: Nazismus und Faschismus bedeuten Trauer und Zerstörung.«[214]

Ein einziges Mal hat ein Kamerad der Brigade Rodolfo, »Il Primo«, fotografiert: Sein kantiges Gesicht mit bereits scharfen Falten und dem entschlossenen Blick. Mit seinen dreißig Jahren zählt er in der Brigade zu den wenigen Älteren und Erfahrenen. Er ist neben Comandante »Federico« der Einzige mit militärischer Ausbildung.

Wir Wanderer auf den Spuren von Rodolfo genießen den Blick über die Berge und kleinen Dörfer bis zum Meer, das im Nachmittagslicht glitzert. Denise Murgia weist auf das kleine Haus direkt gegenüber dem ehemaligen Kommando, Via Canepari Nr. 33:

Grauer, verwitterter Putz, davor ein üppiger Hortensien-Busch, blaugrüne Fensterläden. Auf dem Sims leuchten rote Geranien. Eine Katze huscht davon. An der Haustür pendelt leise ein Perlenvorhang und direkt daneben ist eine Gedenktafel für Rudolf Jacobs befestigt, mit dem Partisanen-Foto. Hier hat Jacobs damals übernachtet, gemeinsam mit »Federico«: Der Soldat der Deutschen Marine und »Il Comandante dei Partigiani Muccini«, zwei Männer, zwei Soldaten, etwa gleich alt und mit ähnlichem Bildungshintergrund, beide Deserteure ihrer Regimes, nun vereint in einer bescheidenen Schlafkammer, eine Begegnung, die Galantini tief bewegt hat: »Ein ärmliches Zimmer, wo ich arbeitete und schlief, Mitternacht war vorüber. Und im bleichen Kerzenschein sah ich mich einem hellen und offenen Gesicht gegenüber, mit festem Blick aus leuchtend blauen Augen, mit einer markanten Narbe an der oberen Lippe, die seinem Gesicht einen Zug von Schmerz und Bitterkeit verlieh. Er umarmte mich, als wären wir zwei alte Freunde, die sich nach langer schmerzlicher Trennung wieder treffen. So festigte sich unsere Zuneigung. Wir haben uns sehr gut kennengelernt, weil wir nahe beieinander schliefen und uns nachts viel erzählt haben, bis uns der Schlaf übermannte.«[215]

Rudolf Jacobs als Partisan »Rodolfo«

Wie wird sich Jacobs in dieser Nacht gefühlt haben? Erschöpft und angespannt zugleich, stelle ich mir vor, etwas verloren und fremd, trotz des zugewandten neuen Kameraden. Jacobs wird wach gelegen haben, umgeben von der Dunkelheit des Bergdorfes mit seinen ungewohnten Geräuschen, dem Wind und den Rufen der Nachtvögel, den Schritten der Brigadisten, die um das Dorf patroullieren. Leise Zweifel werden ihn bedrängen: Die Entscheidung ist unumkehrbar. War sie richtig? Mit dem Ablegen der Wehrmachtsuniform fällt nicht sofort alles von ihm ab, was ihn geprägt hat: Die NS-Erziehung, der militärische Drill, der Treueschwur aufs Vaterland und unbedingte Kameradschaft. Wird seine Entscheidung später zu Hause auf Verständnis stoßen? Dass er sich – eventuell mit der Waffe in der Hand – gegen die eigenen Landsleute stellt? Es wird etwas dauern, bis diese innere Prüfung, diese Zweifel einem neuen Gefühl weichen können: dem der Befreiung von dem Druck, gegen die eigenen Werte handeln zu müssen, von dem Schuldgefühl, Teil der Vernichtungsmaschinerie zu sein. Jetzt ist er kein Mitläufer mehr, ist seinem Gewissen gefolgt und hat sich in einem Moment innerer Freiheit entschieden und »Nein« gesagt. So, wie es Alfred Andersch in seinem Bericht ›Die Kirschen der Freiheit‹ beschreibt: Der Schriftsteller, auch er Wehrmachtssoldat in Italien, setzt sich im April 1944 von seiner Einheit ab, lässt sich in der Nähe von Rom von Partisanen festnehmen und gelangt später in US-Gefangenschaft. »Man ist überhaupt niemals frei, während man gegen das Schicksal kämpft«, schreibt Andersch, »man ist überhaupt niemals frei, außer in den Augenblicken, in denen man sich aus dem Schicksal herausfallen lässt

Canepari Nr. 33: Hier schlief der Bremer Partisan

– niemals kann Freiheit in unserem Leben länger dauern als ein paar Atemzüge lang, aber für sie leben wir.«[216] Ein wenig wird Jacobs in seiner ersten Nacht als Partisan diesen kostbaren Moment auskosten können.

Auf dem Klingelschild des Hauses Canepari 33 steht heute »Arfanotti«. Fiorella, die Besitzerin, ist nach vielen Jahren in ihren Geburtsort zurückgekehrt, hat das Haus gekauft und restauriert. Es bedeutet ihr viel, dass der deutsche Partisan damals »bei ihr« übernachtet hat. Sein Porträt hat sie sogar im Wohnzimmer aufgehängt. »Heutzutage bin ich glücklich«, schreibt sie mir, »dass ich mein tägliches Leben in einem einfachen und bescheidenen Haus führen kann, das jedoch zu seiner Zeit jene Männer beherbergt hat, die ihr Leben gaben für die Werte der Freiheit und der Gerechtigkeit.«

Signora Arfanotti hat die Erzählungen ihrer Vorfahren, die alle in Canepari gelebt haben, nicht vergessen, Geschichten, die von Unglück, Kälte und Hunger erzählen. Das Schlimmste sei der 29. November 1944 gewesen, als während der brutalsten Razzia der deutschen Faschisten in der Region auch das Haus ihrer Großeltern niederbrennt. Jedes Jahr am 25. April, wenn junge Leute auf den Spuren der »Partigiani« zu Fuß nach oben kommen, erzählt sie ihnen gern die Geschichte des Deutschen, der hier im Widerstand gekämpft hat.

Direkt gegenüber, im ehemaligen Partisanen-Kommando, wohnt heute ein Deutscher aus dem Allgäu.[217] Als er 2020 das Haus kauft, weiß er nicht, dass er seine Ferien im Haus der Brigade »Ugo Muccini« verbringen würde. Der pensionierte Lehrer, Italienfreund und Tangotänzer hat sich nach der Pensionierung in dieses Dorf und das Haus verguckt. Dann entdeckt er gegenüber die Gedenktafel für Jacobs. »Erst als

Piazztta in Canepari

ich wusste, dass der deutsche Soldat hier als Partisan gekämpft hat und dass keine Kriegsverbrecher der SS hier wohnten, habe ich das Haus gekauft.« Inzwischen hat er den Garten terrassiert und Obstbäume angepflanzt. Natürlich, erzählt er, können am Tag der Befreiung ANPI-Vertreter von seinem Balkon eine Ansprache halten.

Eine getigerte Katze, das Zwitschern der Vögel und das Plätschern des Brunnens sind unsere einzigen Begleiter im nachmittäglichen Canepari. Hier, so haben Fiorellas Großeltern erzählt, hat sich damals fast jeden Morgen ein großer Muccini-Mann gewaschen. Rudolf Jacobs.

Bevor wir umkehren und unseren Rückweg antreten, wandert der Blick noch mal rund um die friedliche Piazetta, auf der 1944 die Partisanen und ihr lebensgefährlicher Einsatz das Leben bestimmt haben.

Regelmäßig sind damals »Stafette« heraufgekommen, Kuriere mit politischen Botschaften, mit Munition, Nachschub an Brot, Pasta und Wein. Meist sind es Mädchen und Jungen wie Stella Corsi, die Jacobs in ihrem Haus beherbergt hat. Einer der jüngsten Kuriere ist Piero Guelfi, Tarnname »Danilo«, ein 17-jähriger Junge aus dem Nachbarort Carignano. Ihn lerne ich kennen in Sarzana, wo wir uns einige Male zu langen Gesprächen treffen. Er ist der letzte Partisan, der Rudolf Jacobs persönlich kannte und oft mit ihm plauderte.

Partisanenleben

Ein heißer Nachmittag im Sommer 2020, ich bin verabredet im Büro der ANPI Sarzana. Mit etwas Mühe finde ich die abgelegene Via Lucro Nr. 8 hinter dem Busbahnhof und dort im Gebäude des ehemaligen Fruchtmarktes das Partisanen-Büro. Nebenan trainiert lautstark die örtliche Basketballmannschaft.

Piero Guelfi, der ehemalige Partisan und ANPI-Vorsitzende der Stadt, begrüßt mich herzlich: Jahrgang 1927, ein lebhafter, liebenswerter Herr im blauen Polo-Shirt und mit Sonnenbrille in der Hand. Einen Druckereibetrieb hat er geführt und mit seiner Frau und den zwei Kindern immer in Sarzana gelebt. Und so stellt er sich vor: »L'unico Partigiano ancora in vita sono io« – »Ich bin der letzte noch lebende Partisan.« Und somit ist er der letzte Lebende, der Rudolf Jacobs von Angesicht zu Angesicht kannte und mit ihm gesprochen hat. Er hat regelmäßig als Kurier Botschaften nach Canepari ins Kommando der Brigade gebracht.

Piero ist gerade mal siebzehn Jahre alt[218], als er seinem Vater, einem Antifaschisten, zu den Partisanen folgt. Damals eine ganz typische Familiengeschichte: Der Vater verliert seine Arbeit in der Munitionsfabrik in Sarzana, weil er sich weigert, in Mussolinis faschistische Partei, den Partito Nazionale Fascista, einzutreten. Bald herrscht deshalb zu Hause großes Elend und Angst vor Verfolgung, erinnert sich Piero: »Eines Tages sind die Faschisten zu uns nach Carignano gekommen. Wir Jugendlichen sind abgehauen in die Berge, und von dort habe ich gesehen, wie sie meinen Vater misshandelt haben. Als ich dann nach Hause zurückkam, habe ich zu Mama und Papa gesagt, »vado con loro nei monti« – »ich gehe mit ihnen in die Berge«, also zu den Partisanen.

Weil er noch so jung ist, zögern die Eltern, und auch die Brigade ist unsicher,

Sarzana: Büro der Partisanen-Organisation ANPI

aber schließlich nehmen sie ihn auf. Piero fängt im »Innendienst« an: »Sie haben mir beigebracht, wie man das Geschirr abwäscht, ich war der Küchenjunge. Aber dann, so nach und nach, bin ich ungeduldig geworden und habe gefragt: ›Wann bekomme ich denn auch eine Waffe?‹ Bis eines Tages der Comandante mir eins der Gewehre gegeben hat.« Piero kennt jeden Pfad in den Bergen und bringt Geheimpapiere in die Stellungen, läuft täglich zahllose Kilometer, ganz oft nach Canepari. Dort trifft er den Deutschen »Rodolfo«. Und ist ziemlich beeindruckt.

»Ich erinnere mich an seine unglaubliche Art: Im Herbst ist er rausgegangen, um sich am Dorfbrunnen zu waschen, den Rücken, die Schultern, das Gesicht, mit nackter Brust. Das Wasser war manchmal schon fast gefroren. Und dann hat er mich gerufen: ›Piero, Piero, komm her! Wie geht es, wollen wir frühstücken?‹ Und er hat scherzhaft gefragt: ›Post für mich dabei?‹ Ich zurück: ›Nein Comandante, nichts dabei.‹ Es war eine sehr schöne Beziehung«, erinnert sich Guelfi mit warmer Stimme. »Einmal hat er mir das Foto seiner Frau gezeigt und das der kleinen Söhne. Weil er der erste Deutsche bei uns war, hat er den Namen ›Primo‹ bekommen.« Es muss ein friedlicher Moment gewesen sein: Der »disertore« aus Deutschland und der Junge aus dem Dorf im heiteren Gespräch am alten Brunnen.

Jungen wie Piero müssen früh große Verantwortung übernehmen und gefährliche Situationen meistern. Einmal stößt er in einer Senke auf eine Leiche mit durchschossenem Kopf. »Als ich zu Hause in meiner kleinen Kammer lag, drehte ich fast durch. Da ist mein Vater gekommen, hat mich in den Arm genommen und in die Mitte zwischen sich und Mama gelegt. So habe ich viele Tage zwischen den beiden geschlafen. Ich war also privilegiert«, erinnert er sich lachend.

Bei diesen gefährlichen Kurierdiensten sind vor allem Frauen und Mädchen als Stafette unterwegs, weil sie weniger verdächtig wirken als Männer. »Wir

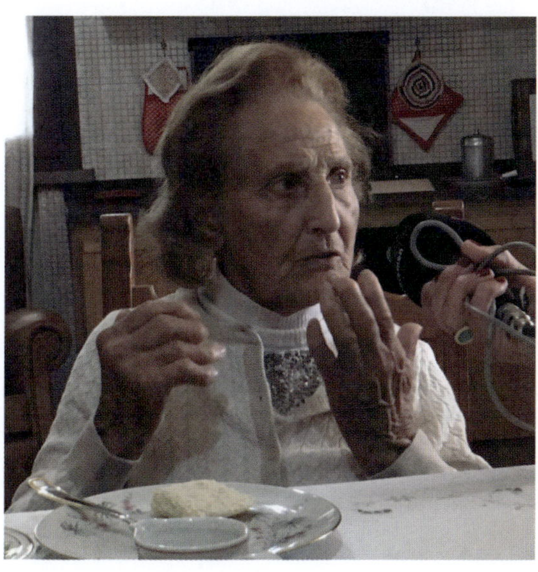

Oben: Piero Guelfi im Gespräch mit der Autorin, 2019

Mitte: Piero Guelfi als Kurier Guelfi, Bildmitte mit Kappe

Unten: Giovanna Quadrieri, Kurierin »Stafetta«, Reggio Emilia, 2019

Giovanna Quadrieri

waren das Rückgrat der Resistenza«, erinnert sich Anita Malavasi, Deckname »Laila«, aus Parma, »die Kommunikation lief über unsere Beine«.[219]

Eine ganz schnelle Stafetta ist Giovanna Quadrieri. Wir besuchen sie in Reggio Emilia[220], 150 Kilometer nördlich von La Spezia. Giovanna: Jahrgang 1928, eine lebhafte zierliche Dame in weißem Pulli mit Paillettenstickerei und heller Strickjacke, der Tisch gedeckt mit feinem Porzellan, Kuchen und Kaffee, Antipasti und natürlich Prosecco aus der Emilia Romagna. Eine junge Frau geht der Gastgeberin ein wenig zur Hand, wir bewundern Fotos der Stafetta Giovanna und ihre Auszeichnungen an den Wänden und hören ihr einen ganzen Nachmittag lang zu.

Giovanna[221], von den Engländern nach dem Krieg für ihren Mut ausgezeichnet, ist fünfzehn, als sie 1943 Stafetta wird, »Libertà« ist ihr Deckname: »Ich bin früh am Morgen los«, erzählt sie mit heller Stimme, »habe erst gut gegessen, und dann bin ich gelaufen, immer allein, sechzig Kilometer jeden Tag von Reggio bis zum Kommando in Secchio. Ich hatte kleine Zettelchen mit wichtigen Nachrichten dabei, meist auf Zigarettenpapier geschrieben, weil das so schön dünn ist. Und da standen dann die Namen von Deutschen oder der Tag, an dem sie eine Razzia planen.« Die Zettel hat die Mutter in winzige Täschchen im Kleidersaum gesteckt, und wäre sie Deutschen begegnet, hätte sie die hauchdünnen Blättchen aufgegessen. Gekleidet ist sie immer wie ein kleines Mädchen, und mit ihren durchgelaufenen Schuhen muss sie ständig zum Schuster, der sie wieder besohlt hat. »Natürlich hatte ich auch Angst, aber ich habe unterwegs einfach nicht an die Zettelchen gedacht. Der einzige Gedanke war: laufen, laufen, laufen.«

Siebenundachtzig Schritte geht Jacobs jeden Morgen von der kleinen Schlafkammer über die Piazzetta von Canepari zum Versammlungsraum. Der deutsche Deserteur teilt den Partisanenalltag: Das Essen ist schlicht und oft knapp. Aber überall wohnen Verwandte, Freunde, Bauern, die die hungrigen Kämpfer mit Brot, Käse und Wein versorgen, Sachen reparieren und in den Scheunen Schlafplätze herrichten.

Die Partisanen Turrido Perugi, Paolino Ranieri, Flavio Bertone

Diesen Alltag beschreibt nach dem Krieg auch Lamberto Furno, ein ehemaliger Partisan aus La Spezia, in einem Roman, der auf realen Begebenheiten und Personen basiert.[222] So erwähnt er Piero Galantini und auch Rudolf Jacobs, »den großen stillen Deutschen«[223]. Furno berichtet von den nächtlichen Wanderungen der Partisanen, wenn sie auf leisen Sohlen unterwegs sind: »Wir genossen die Stille, aber ebenso fürchteten wir sie. (...) Beladen wie die Maulesel, mit Waffen, Munition und dem Kochgeschirr, eine zusammengerollte Decke quer über der Brust, bepackt mit Vorräten, Wein, Töpfen, Eimern (...) Wir trugen keine Uniformen, würden nie welche tragen, aber nach einigen Monaten hatten wir ein rotes Halstuch mit einem Stern in den Farben der Trikolore.«[224]

Das rote Halstuch mit Stern trägt Jacobs längst auch, aber noch ist er nicht mit den neuen Kameraden unterwegs, sondern zeichnet weiter strategische Karten, vermerkt Hinweise auf Waffenlager, Positionen der Wehrmacht und Namen für die Resistenza.

Er muss eine unglaubliche Umstellung durchlebt haben: von der Wehrmacht mit ihren durchdeklinierten Befehlshierarchien, Uniformen, Dienstplänen, rigorosem Reglement hin zu einem improvisierten Leben in den Bergen, das täglich neu erfunden werden muss. Die Kämpfer schlagen sich mit Mangel herum, sie leben in beengten Unterkünften, müssen Lebensmittel organisieren und immer auf der Hut sein. Er ist der Neue, der Deutsche aus dem Feindesland, das Italien besetzt hält und gegen die Bevölkerung wütet. Der Marinesoldat aus Bremen ist in eine völlig neue Welt eingetreten und erlebt hier einen nie gekannten Zusammenhalt. Die Partisanen brennen für das Ziel der Befreiung. Sie werden geachtet in der Bevölkerung. Jacobs registriert aber auch ihre spärlichen und veralteten Waffen und den ständigen Mangel an Munition. Er bekommt schnell mit, dass die wenigsten der jungen Brigadisten mit Waffen umgehen können. Aber sie sind zu allem entschlossen, um jeden Preis.

Versteckt in den Bergen beherrschen die »Muccini« in diesem Spätsommer 1944 die Berge hinter Sarzana und weite Teile im Raum La Spezia und im toskanischen Apennin. Jacobs hört nachts die Berichte der Kameraden über gesprengte Brücken und attackierte Stellungen. Die Gefahr durch Wehrmacht und SS ist allgegenwärtig. Von Canepari aus können die Partisanen auf die Burg von Carignano schauen.

Vega Gori »Stafetta«, La Spezia

Dort, nahezu auf Sichtweite, sind die Deutschen stationiert.

Im Kommando erfährt Jacobs vom Massaker auf dem Monte Sole bei Marzabotto, wo die Männer der 16. Division »Reichsführer SS« Ende September 1944 über 700 Menschen bestialisch ermordet haben[225]. Dieses größte Verbrechen von Wehrmacht und SS im besetzten Italien bekräftigt aufs Neue seine Bereitschaft, über Grenzen zu gehen und das eigene Leben aufs Spiel zu setzen. Aber noch muss er ausharren im »staccamento«.[226]

Die meisten Deserteure, die sich zu den Partisanen durchschlagen, wollen keine Waffe in die Hand nehmen. Viele bleiben in den Verstecken, waschen Geschirr, reparieren, weil sie nicht auf ihre ehemaligen Kameraden schießen wollen, weil sie einfach Angst haben, kurz vor Ende des Krieges noch zu sterben. Ganz anders Jacobs: Er drängt regelrecht darauf, »etwas zu tun«.

Am 2. Oktober 1944 ist es so weit. Sein battesimo partigiano[227], seine »Taufe als Partisan«, besteht er am Abend des 2. Oktober 1944[228]. An diesem Tag überfallen italienische »Schwarzhemden« aus Sarzana gemeinsam mit SS-Männern das Dorf Carignano, direkt unterhalb von Canepari, den Weiler, in dem Piero Guelfi mit seiner Familie lebt. Die Angreifer wollen alles niederbrennen als »Sühneaktion« für Attacken der Resistenza. Sie haben sich als Partisanen »verkleidet«. Eine Art Ironie der Geschichte nennt es der Historiker Carlo Greppi, dass Jacobs, der abtrünnige Deutsche in Partisanen-Kluft, hier in Carignano auf seine »verkleideten« deutschen Landsleute feuert. Nach einem harten Feuergefecht müssen sich die Deutschen unter empfindlichen Verlusten zurückziehen.[229]

Zwei Wochen nach dem ersten Einsatz führt Jacobs eine Gruppe geflohener russischer Zwangsarbeiter durch die Furt des Flusses Magra über die Berge zu den Partisanen.[230]

Bald danach[231] verhört Jacobs einen deutschen Oberfeldwebel, den die Brigadisten gefangen genommen und in der Schule des Dorfes Giucano ein paar Kilometer unterhalb von Canepari festgesetzt haben.[232] Jacobs soll übersetzen, aber er erweist sich schnell als versierter Verhandler. Der Deal lautet: Der gefangene Soldat wird freigelassen, dafür verlassen die Deutschen die Villa Belvedere bei Fosdinovo, in gefährlicher Nähe zum Partisanen-Kommando.[233] Die Verhandlung ist erfolgreich. Der Feldwebel kann gehen. Die Deutschen ziehen ab.

In dem Film »Il Traditore« wird diese Szene nachgestellt: Bei dem Gespräch in einem Stall ist Jacobs hinter einer Holzwand verborgen. Der Gefangene hört nur eine deutsche Stimme. So könnte es gewesen sein, denn Jacobs hätte die Brigade in Lebensgefahr gebracht, wenn der Feldwebel sein Äußeres später hätte beschreiben können. Der ganze Vorfall zeigt, welch großes Vertrauen Jacobs inzwischen bei den Partisanen genießt. Er wird sich mehr und mehr zugehörig gefühlt haben. Seine Sorgen um die Familie aber und seine Verzweiflung wegen des Krieges, den seine Landsleute führen, bedrücken ihn weiter.

Eine junge Kurierin hat das bemerkt: Vega Gori, Tarnname »Ivana«. Die gelernte Schneiderin ist gerade achtzehn Jahre alt und arbeitet für die Kommunisten. Sie tippt die »bigliettini«, die Geheimbotschaften, für die Partisanen ab, getarnt im Stall hinter der Futterkrippe. Ihre Schreibmaschine ist eine wahre Kostbarkeit, die nach jedem Einsatz in einem Loch im Stall versenkt wird. Als unschätzbar erweist sich auch Vegas Talent, superschnell und mit vielen Durchschlägen zu tippen.

Piero Guelfi, Partisan

Eines Tages Ende Oktober 1944 kann sie die Muccini-Brigade in Canepari besuchen. »Ivana« ist neugierig, wie die Kämpfer eigentlich leben, schreibt sie in ihrem Erinnerungsbuch, das sie gemeinsam mit ihrer Tochter Maria Cristina Mirabello[234] herausgegeben hat.[235] Sie trifft dort all die Partisanen-Führer, die sie so bewundert: Federico, Walter, Andrea, die Comandanti. Sie waren freundlich zu ihr und lustig, erinnert sich Vega Gori. Nur einer habe immer etwas abseits gesessen, ein ernster, stiller Deutscher, der als Einziger sehr traurig wirkte. »Jemand sagte mir, es handele sich um einen Offizier der Deutschen Marine. Er sei desertiert und zur Resistenza übergelaufen, mit gewaltigem Risiko nicht nur für sich, sondern auch für seine Familie in Deutschland. Später erst wurde mir klar, wer das war: Rudolf Jacobs, »Il Primo«.[236] Er habe so gewirkt, »als trage er eine Art Schuld in sich, eine Traurigkeit«, erzählt sie viele Jahre später.[237]

Im Büro von ANPI in Sarzana ist es spät geworden, Die Basketballer von nebenan sind nach Hause gegangen. Piero Guelfi, der alte Partisan, steht auf, zeigt auf eine Fotocollage mit vielen Porträts: »Ich bin der Letzte von ihnen, und ich hatte mehr Glück als die Kameraden, die alle auf dem Friedhof liegen.« Es stehen ihm Tränen in den Augen, als er von »Rodolfo« erzählt und seiner wagemutigen Aktion in Sarzana. »Ein wunderbarer Deutscher ist er, den wir nie vergessen dürfen, eine Ausnahmeerscheinung!«, sagt Piero und schenkt mir zum Abschied ein signiertes Buch über den »Partigiano Tedesco«.[238]

Villa Laurina

Das Gespräch mit Piero Guelfi bewegt mich noch, als ich gegen Abend zurück ins Zentrum von Sarzana bummele. Auf Schritt und Tritt stoße ich in dieser lebendigen Kleinstadt auf Gedenkorte für die Verbrechen des »Nazifacismo« und lese Straßennamen, die an Partisanen erinnern. An der Piazza Matteotti trinke ich einen Kaffee, vor mir das Rathaus mit einer antifaschistischen Mahnung an der Fassade. Es ist unverkennbar, dass diese Stadt 25 Jahre lang[239] vom ehemaligen Partisanen Paolino Ranieri regiert worden ist. Dann passiere ich das mittelalterliche Stadttor, überquere die Via »Brigata Partigiani Ugo Muccini« und erreiche die Piazza San Giorgio mit dem ehemaligen Hotel Laurina.

Die Villa ist eingerüstet und wird renoviert. Ein Ort der Kultur soll hier entstehen. Gerade noch sichtbar hinter den Bauplanen die Gedenktafel für Rudolf Jacobs, die mich drei Jahre zuvor auf die Spur des Bremers geführt hat.

1944 ist dieser Bau einer der finstersten Orte der Region: Hier residiert das Kommando der Schwarzen Brigaden. Geiselnahme, Verhöre, Folter und Vergewaltigungen sind an der Tagesordnung. Hinter Stacheldraht, spanischen Reitern und Anti-Personen-Minen kommandiert ein Offizier der RSI, der Repubblica Sociale Italiana. Er ist berüchtigt für seine Grausamkeit. Eines Tages setzen sie vierzehn Geiseln fest, die meisten Verwandte von Partisanen. Auch der Vater von Piero Galantini ist dabei.

Sarzana: Villa Laurina im Hintergrund

Für Jacobs, seinen Freund, ist dies der Moment, den Angriff auf die Faschisten-Zentrale zu wagen, »L'asalto alla tana del lupo«, den Überfall auf die »Höhle des Wolfes«.[240] Nicht nur einmal haben Partisanen versucht, das verhasste Haus zu zerstören, bisher vergeblich. Nun soll der erneute Angriff der Auftakt sein zur Befreiung von Sarzana, ein hoch symbolisches Ziel für die Resistenza.

»Eine bewundernswerte Erscheinung war dieser Deutsche«, erinnert sich Galantini nach dem Krieg in einem seiner wenigen Interviews, »Rudolf Jacobs, der Abend für Abend an meiner Seite schlief, hat angeboten, die Schwarzen Brigaden in Sarzana anzugreifen, auch weil wir Angst um unsere Eltern hatten. Er hat eine Einheit gebildet aus fünf Italienern und fünf Ausländern, er selbst mit dabei.«[241]

Villa Laurina 2022

Jacobs stellt die Gruppe zusammen, wählt Brigadisten aus, die glaubhaft als Deutsche auftreten können wie der Österreicher Paul, der mit Jacobs aus der Wehrmachtseinheit in Pugliola desertiert ist. Rudolfs Plan: Sie ziehen los in Wehrmachtsuniformen, kopieren also die Camouflage-Idee der SS-Leute, die einen Monat zuvor, verkleidet als Partisanen, das Dorf Carignana angegriffen haben. Minutiös bereitet »Il Primo« die Aktion vor, spielt den Ablauf wieder und wieder durch, beobachtet von seinen Kameraden: »Sie zielten mit ihren Maschinenpistolen auf eingebildete Ziele.«[242] Die meisten treibt die heimliche Sorge um, ob diese waghalsige - vielleicht zu riskante - Aktion gut gehen würde. Jacobs prüft immer wieder, ob seine Maschinenpistole funktioniert, denn er hat nicht die exakt passende Munition.

»Bevor er losging«, erinnert sich Galantini später, »hat Jacobs mir ein Foto gezeigt, mit seinen zwei Söhnen, kleine Kinder, und ihm stiegen die Tränen in die Augen. Aber da war mehr in seinem Blick«, schreibt er »etwas wie eine traurige Vorahnung. Die bewegte ihn auch, als er vor dem Abmarsch im Radio das Ave-Maria von Gounod hört. Dann prüfte er sein Maschinengewehr, es funktionierte normal. Und als er ging, sagte er zu mir: »Federico, entweder sterbe ich oder der Kommandant dort unten.«[243] Das ist jedem Partisan bewusst: Ihr Kampf ist zu jeder Stunde »una questione di vita o di morte« - »eine Frage von Leben oder Tod«.[244]

Am Nachmittag des 3. November 1944, einem Freitag mit kühlem und feuchtem Wetter[245], ziehen die zehn Männer in erbeuteten Wehrmachtsuniformen los. Sie wählen Umwege, nähern sich Sarzana über die Dörfer. Unterwegs hätten sie »Lili Marleen« angestimmt, schreibt Lamberto Furno, »um die Inszenierung perfekt zu machen«.[246] Dann marschieren sie durch die Innenstadt bis zur Kaserne, die festungsartig verbarrikadiert ist. Die anderen »Muccini« folgen ihnen unauffällig. Sie sollen als Rückendeckung bereitstehen.

Der 17-jährige Piero Guelfi, der junge Freund von Jacobs, wäre gern ganz vorn mitgegangen, erzählt er mir 2023 in Sarzana, aber er wird für die Nachhut eingeteilt: »Wir hatten in den Stellungen Lose gezogen, wer die Gruppe begleiten sollte. Und glücklicherweise war ich dabei. Rodolfo wollte nicht, dass wir in Schwierigkeiten kommen, deshalb hielten wir uns ziemlich auf Abstand. Weil ich mit meinen siebzehn Jahren wieder der Jüngste war, haben die anderen mich immer wieder ganz nach hinten geschoben.«

Zur Abendbrotzeit, ungefähr sechs Uhr, erreicht Rodolfos Gruppe die Piazza San Giorgio. Sie haben ausgekundschaftet, dass die Faschisten beim Essen im Speiseraum sitzen würden. Jacobs klopft kräftig am Portal des Kommandos und fragt auf Deutsch laut und bestimmt nach dem verantwortlichen Offizier.

Und dann - dann kommt alles ganz anders: Die Faschisten sitzen nicht an den Tischen. Der kommandierende Offizier ist nicht vor Ort, er ist von seinem Hauptquartier einbestellt worden. Ein Untergebener tritt Jacobs entgegen, hinter ihm im Flur rücken die Schwarzhemden zusammen. Die Stimmung ist angespannt. Jacobs schießt sofort. Beim zweiten Schuss versagt seine Maschinenpistole, eine Ladehemmung. Die Faschisten feuern aus allen Fenstern, die Partisanen schießen zurück. Ein heftiges Gefecht: zehn Muccini-Kämpfer gegen siebzig Faschisten in der Kaserne.

Piero kann alles aus der Entfernung beobachten: »Wir waren vielleicht vierzig Meter entfernt. Ich habe gesehen, wie Rodolfo nach vorn gegangen ist, wie er geklopft hat, wie er sofort geschossen hat und wie ihn dann die Faschisten erschossen haben.«

Auf dem Platz bleiben die Leichen von Rudolf Jacobs und die zweier Faschisten zurück. Piero Guelfi ist somit der letzte Augenzeuge, der Rudolf Jacobs lebend gesehen hat. Die Partisanen fliehen mit einigen Verletzten zurück nach Canepari, wo sie voller Sorge erwartet werden. Sie müssen den Kameraden die traurige Nachricht überbringen: »Il Primo« ist nicht mehr am Leben, die Faschisten haben ihn erschossen. Noch lange Jahre nach dem Krieg betrauert Piero Galantini den Tod seines deutschen Freundes: »Er war eine so noble Person.«[247] Er habe um ihn geweint, schreibt er noch vor Kriegsende seinem Freund Tullio.

Das Schicksal von Paul, Rudolfs deutschem Kameraden, ist ungewiss. Nach Canepari kehrt er nicht zurück. Er könnte den Überfall überlebt haben und zu den Alliierten übergelaufen sein. Oder er ist ebenfalls erschossen worden und möglicherweise unter dem Namen »Kurt Buble« im Ehrengrab auf dem Friedhof von Sarzana beigesetzt.[248]

Die Guardia Nazionale von Sarzana schickt einen Bericht über das Gefecht an das deutsche Kommando der Wehrmacht und an die Ortsleitung der RSI in Salò, berichtet Lorenzo Vincenzi[249]: »Auf dem Boden blieb ein erschossener Partisan, zwei Soldaten der Brigata Nera und sechs leicht verletzte Soldaten. Bedeutende Schäden an den Fenstern des Speiseraums sind Beweis für Salven aus Automatik-Gewehren und für Handgranaten, die geworfen wurden.«[250] Das Archiv von Sarzana dokumentiert einen »ignoto partigiano morto«, einen »unbekannten toten Partisan«. So steht es im Autopsie-Bericht des städtischen Krankenhauses. Dass es sich bei dem Leichnam in deutscher Uniform um Rudolf Jacobs handelt, Standort Marinekommando La Spezia, bleibt unerkannt, da Jacobs keinerlei Hinweise auf seine Identität bei sich getragen hat. Als auffälliges Merkmal ist eine Narbe an der Oberlippe notiert, offenbar eine operierte »labbra leporino«, eine »Hasenscharte«. Und diese Narbe, diese »cicatrice«, hat Jacobs. Als Todesursache ist aufgeführt: Zerstörung der inneren Organe durch Automatik-Pistole, Kaliber neun. »Der Tod ist fast sofort eingetreten.«

Weitere Details: deutsche Militäruniform, Baumwollunterhose, blau-weiß gestreift, um den Hals eine einfache Kette mit Marienfigur. Auf der abgenutzten Uniformjacke das Ankerzeichen für die Marine, rechts aufgenäht der Adler der Wehrmacht, am linken Ärmel das Abzeichen für einen Offizier.[251] Mit diesen spärlichen Hinweisen können die Deutschen die Identität des »ignoto partigiano« nicht feststellen, so sehr sie das gewollt hätten, um gegebenenfalls Repressionen gegen die Familie eines Überläufers einzuleiten.

Auch die Wehrmacht hat Bericht geführt:

»3.11.1944, 20.00 Uhr: Angriff von 12 Banditen in deutschen Uniformen auf Unterkunft der Brigata Nera in Sarzana, 11 km östlich La Spezia, Angriff abgeschlagen. Ein Mann der Brigata tot, zwei schwer verwundet, ein Bandit tot.«[252]

Was auch sie nicht wissen: Der »Bandit« ist der deutsche Marine-Gefreite Jacobs aus Bremen, zuletzt stationiert in Pugliola.

Bald nach dem Kampf bitten die Partisanen ihre Kameradin Stella Corsi um Hilfe. Ob sie herausfinden könne, was mit dem Leichnam Rodolfos geschehen sei. An diese heikle Aktion kann sich Stella noch Jahrzehnte später genau erinnern: »Ich bin mit dem Rad zum Hospital gefahren. Sie fragten mich, was ich dort suche. Ich: ›Es gab eine Schießerei in der Piazza, und nun suche ich meinen Enkel.‹ Ich konnte dort aus dem Augenwinkel die Leiche von Rudolf Jacobs liegen sehen. Er war es, als Faschist gekleidet. Ein Deutscher mit vielen Abzeichen hat mich gefragt: ›Kennen Sie diesen Mann?‹ Ich: ›Nein, ich suche meinen Verwandten.‹ Dann haben sie ihn fortgetragen, ein Vorgesetzter sagte noch, er solle nicht entkleidet werden. Ich glaube, sie haben erkannt, dass er Partisan ist.«[253]

Kurz danach, am 12. November, verfassen auch die Muccini-Kameraden in Canepari ihren ganz anderen Bericht: »In dieser äußerst tollkühnen Aktion fiel heldenhaft der deutsche Leutnant Rudolf Jacobs, Kommandant der Patrouille, als unser größter Patriot.«[254] Sie benennen sofort eine der Muccini-Gruppen nach ihrem deutschen Kameraden: »Brigata Rodolfo Jacobs«. Darüber berichtet die Stafetta Vanda Bianchi, Tarnname »Sonia«[255]. Sie bringt dieser Brigade eine Zeit lang Geheimpapiere und repariert deren Kleidung.

Die »Brigata Rodolfo Jacobs« überlebt nicht lange. Bei einem gewaltsamen Angriff am 29. November 1944 überfallen zehntausend deutsche und italienische Faschisten die Partisanen-Verstecke und die Dörfer rund um Sarzana. Es ist eine der größten »Säuberungsaktionen« der Deutschen in dieser Region. Das Ziel der Operation: die Muccini auszurotten. Auch in Canepari wüten die Deutschen. Es ist ein dramatischer Kampf, der bis heute die Erinnerungskultur in Sarzana und La Spezia prägt. Danach

Partisanenausweis: »Caduto« (Gefallen)

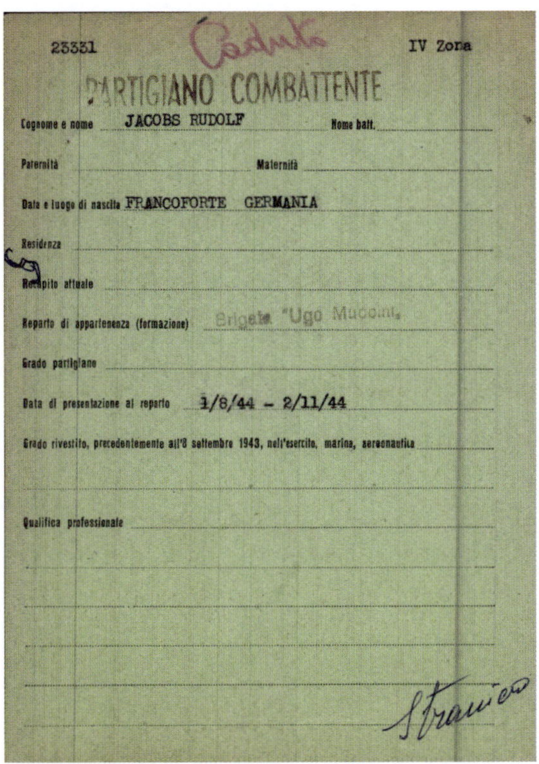

23331 Caduto IV Zona

PARTIGIANO COMBATTENTE

Cognome e nome JACOBS RUDOLF Nome batt.

Paternità Maternità

Data e luogo di nascita FRANCOFORTE GERMANIA

Residenza

Recapito attuale

Reparto di appartenenza (formazione) Brigata "Ugo Muccini"

Grado partigiano

Data di presentazione al reparto 1/8/44 - 2/11/44

Grado rivestito, precedentemente all'8 settembre 1943, nell'esercito, marina, aeronautica

Qualifica professionale

Straniero

müssen sich die Partisanen aufteilen. Die Rodolfo-Brigade löst sich ganz auf. Ein Teil der »Muccini« geht unter Führung Piero Galantinis über die Kampflinie zu den Alliierten in die Toskana. Die anderen ziehen sich unter Führung Paolino Ranieris, des Politischen Leiters, in ein Versteck in den Bergen zurück und kümmern sich um die Verletzten. Dabei wird Ranieri festgenommen. Nun hält Flavio Bertone, »Walter«, die restlichen Kämpfer zusammen. Am Ende des Krieges wird er es sein, der am 23. April 1945 mit 300 Partisanen Sarzana befreit und gemeinsam mit Piero Galantini und den Amerikanern an der Spitze der Brigade durch die Stadt zieht.

Oberhalb von Sarzana erinnert seit 1948 ein Gedenkstein an den verheerenden Überfall von 1944.

Schätzungsweise dreißig- bis vierzigtausend Partisanen sind in diesem Krieg ums Leben gekommen. Das ist ein hoher Preis, den sie für die Befreiung ihres Landes gezahlt haben. Fest steht: Es ist ihnen gelungen, ganze Bereiche der militärischen Infrastruktur der Wehrmacht zu zerstören. Sie können fünfzehn Divisionen der Wehrmacht binden; also bis zu 300.000 Soldaten und SS-Männer. Noch vor den Alliierten sind sie es, die im Norden viele Städte befreien. Dass sie immer stärker werden und die Bevölkerung hinter ihnen steht, liegt allein am Terror der Deutschen gegen die Zivilbevölkerung, an ihren Morden und Massakern, betont Klinkhammer. Jedoch allein, ohne die Unterstützung der Briten und Amerikaner, hätten sie die Befreiung auf keinen Fall geschafft. Aber sie prägen die Grundhaltung im Nachkriegsitalien: »Nach Kriegsende konnte der Widerstand dann sagen, wir sind der Beweis für das bessere Italien. Wir haben gezeigt, dass man den Faschismus von innen heraus stürzen kann. Der 20. Juli 1944[256] in Deutschland ist schief gegangen, und oft hat man das auch vergleichend benutzt, um zu sagen: Ja, Italien hat sich selbst befreit vom Nazifaschismus und hat sich selbst an den eigenen Haaren aus dem Sumpf gezogen.«[257]

Rudolf Jacobs hat außer einigen Postkarten nichts Schriftliches hinterlassen, keine Tagebücher oder Briefe, die Aufschluss darüber geben könnten, wie er über Mut und Angst, über Tod und Leben gedacht hat. Also nähere ich mich an mithilfe der Familie, der Zeitzeugen und Weggefährten, die ihre Erinnerungen oft gleich nach dem Krieg aufgeschrieben haben, aus dem unmittelbaren Eindruck. Piero Galantini charakterisiert seinen Freund bald nach dessen Tod. Der Muccini-Comandante hält sich für kurze Zeit in einem der befreiten Gebiete auf und schreibt seinem Genossen Tullio[258] auf einer alten Reiseschreibmaschine mit abgenutzten Lettern von dem Deutschen: »Oft beklagte er voller Bitternis die Verbrechen seiner Landsleute. Dann wich die Freundlichkeit seiner Gesichtszüge einer Härte, die den Blick kalt und die Lippen schmal werden ließ. Wenn ich zögerte, weil mir ein Plan zu riskant erschien, sagte er: ›Federico, wenn ich eines nicht habe, dann ist es Angst. Ich habe keine Angst.‹ Er war ein Held und wollte sterben für sein wahres deutsches Vaterland, um die Würde seines Volkes wiederherzustellen, die vom Nazismus zerstört war.«[259]

Jacobs fühlte Ohnmacht und Schuld als Teil dieser verbrecherischen Besatzungsarmee, betonen die Weggefährten.[260] Er bangte um das Leben von Frau und Kindern. Und träumte zugleich von einer Italienreise mit ihnen nach dem Krieg. »Rodolfo fühlte sich als Italiener. Sein Traum war: Er wollte nach Kriegsende in Italien bleiben, seine Familie nachholen, hier leben, arbeiten und lächeln, im Frieden, an der Traumküste Liguriens, direkt an unserem Meer, das die Sonnenstrahlen tausendfach widerspiegelt. Aber: der Traum war eine Chimäre - angesichts seines traurigen Schicksals.«[261] Der Brief zeugt von der Trauer des Comandante.

Jacobs hat »Nein« gesagt - und mehr als das: Er handelt. Er kann und will die Italiener nicht als Feind betrachten. Ein pazifistischer, im Grunde schon europäischer Gedanke, den ich wiederfinde im Roman »Der Überläufer« von Siegfried Lenz, der sich mit Pflicht, Kadavergehorsam und Nationalismus auseinandersetzt, ein »rhetorisches Sickergift«, wie im Roman ein Soldat bemerkt. Der Autor schildert eine Wehrmachtseinheit am Ende des Krieges in den polnischen Sümpfen, längst aufgegeben von den eigenen Truppen, die eine Bahnlinie verteidigen sollen. Der verzweifelte Soldat Proska läuft über zu den polnischen Partisanen, den »Banditen«. Zu seinem Kameraden, den die Widerständler dann aufgreifen, sagt er: »Sie sind Männer wie wir, Schuster und Bauern und Tischler. Es sind ebenso arme Hunde unter ihnen wie bei uns.« Und fügt an: »Sei doch mal ehrlich: Wenn wir hier im Sumpf geboren wären, wären wir heute auch Partisanen.«[262] Es ist diese Empathie des Soldaten Proska, die für Jacobs zur Richtschnur geworden ist gegenüber den Italienern. Und es scheint, als habe er den Trauspruch von Pfarrer Richtmann im Frühjahr 1938 in der Bremer Hohentorskirche beherzigt: »Nur wer im Kleinen treu ist, wird es auch im Großen sein.« Sein Freund Piero Galantini hat es so vermerkt: »Mir hat er gesagt, er wäre glücklich, wenn er sterben könnte und wenn dieses Opfer den Krieg auch nur um ein paar Minuten verkürzen könnte. Und er war überzeugt, dass so ein Opfer dazu beitragen könnte, in einer befreiten Welt ohne Gewalt und Hass die große Schuld seines Landes ein ganz klein wenig abzutragen.«[263]

Die Schuld kleiner machen, das rückt auch Lorenzo Vincenzi, der ehemalige Leiter des Archivs in La Spezia, in den Mittelpunkt. Dieser Deserteur sei das Gegenteil eines Vaterlandsverräters: »Es ist gerade die Liebe zu seiner deutschen Kultur und seiner Heimat, die ihn, den »disertore tra i partigiani«, zu dieser extremen Entscheidung treibt.[264] Ein Land stirbt, wenn es sich in einen Organismus von Exklusion und Aggression verwandelt (...) Wieder erstehen kann es nur, wenn die Werte von Inklusion, Freiheit und Teilhabe wieder hergestellt sind, alles Elemente, die eine moderne Demokratie konstituieren - und in diesem Sinne ist Jacobs ein deutscher Patriot - das Gegenteil eines Verräters.«[265]

So sieht es auch der Sohn des Partisanen, der zeitlebens geprägt ist vom besonderen Weg des Vaters: »Ein Vaterland, das sein Volk und andere Völker unterdrückt, verführt und betrügt, das kann man nicht verraten, das muss man bekämpfen. Wenn ich in der Situation meines Vaters wäre, würde ich genauso handeln.«

Lutz Klinkhammer, der Historiker, reflektiert die Verzweiflung des jungen Mannes. Und will nicht ausschließen, dass er in diesem Kampf den Tod nicht nur in Kauf genommen, sondern ihn vielleicht sogar gesucht habe: »Dass er in einer sehr tollkühnen Aktion versuchte, diese Gruppe zu bekämpfen, das spricht für mich in gewisser Weise dafür, dass er sein Leben bewusst aufs Spiel gesetzt hat, dass er bereit war, sich auch selbst zu opfern. Ich will nicht sagen, dass es Selbstmord war, aber, dass er dieses sinnlosen Mordens überdrüssig war und dass er ein Zeichen setzen wollte gegen den nationalsozialistischen Krieg.«[266]

Piero Galantini bekennt später, dass er Jacobs am liebsten vom Überfall auf die Villa Laurina abgehalten hätte: »Ich wollte ihn im Versteck behalten, denn es schien mir, dass Menschen wie er geschützt und aufgespart werden müssten als kostbares Gut für den Wiederaufbau eines friedlichen Deutschlands.«

Der Filmemacher und Autor Luigi Monardo Faccini schafft am Ende seines Jacobs-Romans »L'uomo che nacque morendo« eine Verbindung zur Gegenwart: »Die Europäische Union sollte unbedingt die kleinen Gründungs-Väter der EU wieder entdecken. Rudolf Jacobs ist einer von ihnen.«[267]

Und so ist Rudolf Jacobs in Norditalien der »Buon Tedesco« geworden, der gute Deutsche, der sein Leben für Freiheit und Frieden gegeben hat.

Piero Guelfi, der Augenzeuge des Überfalls in Sarzana, sagt es so: »Wenn ich mit meiner Frau auf den Friedhof gehe, gehe ich immer zum Grab von Rudolf Jacobs. Es ist ein Name, den man nicht vergessen sollte, denn ein Deutscher, der sein Land verlässt und zu den Partisanen geht, der ist eine Ausnahmegestalt. Er war ein anständiger Mensch. Ein Deutscher, der sein Blut für unser Land lässt und dessen Familie ihn dann bei uns lässt, das ist etwas ganz Besonderes. Er war eben ein deutscher Partisan.«

Der Obergefreite

Jacobs, der »Buon Tedesco«, Jacobs, der Marineoffizier: Überall in Ligurien, in der Toskana und Emilia Romagna ist Rudolf Jacobs, der Partisan aus Bremen, bekannt und geachtet. Er ist Ehrenbürger von Sarzana, eine Straße in Parma ist nach ihm benannt, Bücher wurden und werden geschrieben, Filme gedreht und Theaterstücke aufgeführt. Schüler aus Sarzana haben sein Leben in einem Comic nacherzählt.

Der Gedenkstein im Zentrum Sarzanas ehrt den »Capitano della Marina Germanica«, also den Marinekapitän. 1971 wird er als »Ufficiale« mit der silbernen Ehrenmedaille des italienischen Staates bedacht. Im Archiv »Partigiani d'Italia« ist er als »Ten.«, also »Tenente«, geführt, als Oberleutnant, ähnlich allen anderen Archiven. Die Zeitzeugen erinnern an ihn als Capitano, Ufficiale, Comandante. Und so sprechen zwischen den Cinque Terre und den apuanischen Alpen noch heute die Italiener von dem Bremer. Für sie war und ist das klar: Jacobs ist ein Marineoffizier. Allein sein Aufgabenbereich beim Ausbau der Stellungen an der Küste bei La Spezia und auch die Unterbringung in einer Adelsvilla ist für sie ein klares Zeichen für diesen Rang. Und seine eigene Familie erinnert sich genauso: Sohn Rudolf junior sagte, der Vater habe beim letzten Treffen in Hamburg-Harburg seine Offiziersuniform getragen.

So habe auch ich diesen militärischen Rang nicht bezweifelt - bis ich im Berliner Bundesarchiv in Lichterfelde auf eine andere Information stoße: »Letzter Dienstgrad: Marine-Pionier-Obergefreiter der Reserve«. »Caporalmaggiore« hieße das in Italien, der höchste Mannschaftsrang der Marine, aber noch unter dem eines Offiziersanwärters.

Die spärlichen Akten zu Rudolf Jacobs enthalten keinen Hinweis auf einen Offiziers- oder Kapitäns-Titel. Die Aufschrift der Akte vermerkt: »Marinepionier-Obergefreiter der Reserve«. Könnten Unterlagen verloren gegangen sein? Könnte er noch in Italien befördert worden sein wegen seiner technischen Qualifikationen? Vielleicht wegen guter Arbeit oder aus Mangel an Offizieren?[268] Oder ist er vielleicht zunächst befördert und in Italien nachträglich degradiert worden, weil er desertiert ist? Wussten die Vorgesetzten, dass Jacobs weder »kriegsversprengt« noch »gefallen« oder »von Partisanen erschossen« worden ist, wie sein Vorgesetzter Major Reith in dem Brief an

Oben: Cover der Grafik-Novelle: »Un ricordo indelebile« (Eine unauslöschliche Erinnerung)

Unten:: Theaterplakat »Jacobs«

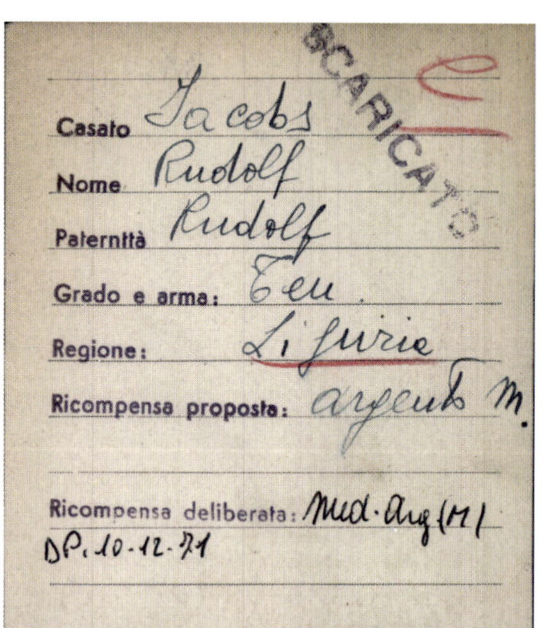

SCARICATO

Casato Jacobs

Nome Rudolf

Paterntà Rudolf

Grado e arma: Ten.

Regione: Liguria

Ricompensa proposta: argento M.

Ricompensa deliberata: Med. Arg (M)

DP. 10-12-71

Partisanenkarteikarte: Dienstgrad »Ten« (Leutnant)

die Ehefrau vermutet? Wussten sie, dass er sogar die Seiten gewechselt hat, also im Sinne des Militärs ein Verbrechen begangen hat, das mit dem Tod bestraft wird? Wurde er vielleicht degradiert, als die Wehrmacht nach seinem Tod Hinweise auf seine Identität erhalten hat?[269]

Ich habe keinerlei Hinweise auf eine Degradierung gefunden. Ob ein Kriegsgerichtsverfahren stattgefunden hat, ist kaum zu ermitteln, da die Unterlagen der Kriegsmarine zum großen Teil zerstört sind.

Historiker Lutz Klinkhammer betont: »Ich glaube den deutschen Akten und weniger den italienischen Zeitzeugen. Dass die Italiener seine Rolle ein wenig überhöhen, würde mich nicht wundern. Vielfach waren Autoren nach dem Krieg auf der Suche nach dem ›guten Deutschen‹, um wenigstens einen kleinen Gegenpol zum bösen Nazi-Deutschen zu finden.«[270]

Allerdings bleiben einige Fragezeichen. In der Gräber-Kartei[271] ist als Jacobs' Dienstgrad »Hauptmann« angegeben, mithin ein mittlerer Offiziersgrad.

In seiner Marinestammrolle[272] finde ich auf der kaum leserlichen Rückseite einen »Beförderung«-Vermerk, leider nicht entzifferbar.

Für den Historiker Carlo Gentile hat Rudolf Jacobs nie etwas anderes als den Rang eines Obergefreiten innegehabt. Seine Geschichte habe sich in Italien verselbstständigt, betont er.[273] An der Seemannsschule Finkenwerder, an der Jacobs gelernt hat, seien keine Offiziere, sondern nur Matrosen ausgebildet worden. Jacobs habe als Abschluss ein Patent erreicht, das ihm lediglich den Einsatz auf einem großen Trawler der Handelsmarine ermöglicht. Also habe er keine Kariere als Marineoffizier vor sich gehabt.[274]

Lutz Klinkhammer setzt hingegen einen ganz anderen Akzent: »Er ist zu den Partisanen gegangen, hat sein Leben aufs Spiel gesetzt und Nein zum Krieg gesagt. Dies ändert sich weder durch das Parteibuch noch durch den militärischen Rang eines Marinestabsobergefreiten. Den Rang sollte man nicht überbewerten, sondern bedeutend ist vor allem seine moralische Haltung!«[275]

Es ist diese Haltung, die Jacobs das Leben gekostet hat, wegen der er in Italien verehrt, in Deutschland aber bis ins 21. Jahrhundert vielfach als Vaterlandsverräter geächtet wird. Eine Haltung mit gravierenden Folgen für die Familie Jacobs, eine Haltung, die noch die Kinder und Enkel prägt.

Nachklang

Oben: Die Witwe mit den Söhnen
Mitte: Grabstein der Familie Jacke in Neuenfelde/Hamburg
Unten: Grabplatte R. Jacobs – fern der Heimat ... in Neuenfelde

Claudia Höft, die Enkelin von Rudolf Jacobs, holt mich an einem warmen Junitag 2022 ab zu einer kleinen Tour durchs Alte Land bei Hamburg. Hinter dem Elbdeich fahren wir gemächlich an Obstplantagen und Altländer Bauernhäusern entlang. Die Apfel- und Kirschblüte ist vorbei, aber wir genießen die Sommerlandschaft und kaufen bei einem Obstbauern Kirschen und Erdbeeren für unterwegs. In Neuenfelde passieren wir die Sankt-Pancratius-Kirche mit der berühmten Arp-Schnitger-Orgel. Unser Ziel ist der Friedhof, die Grabstätte der Familie Jacke aus dem Nachbardorf Francop.

»Herta Jacobs, geborene Jacke« ist als letzter Name ganz unten auf dem schwarzen Marmorstein eingraviert.[276] Bis zu ihrem Tod hat die Witwe von Rudolf Jacobs in ihrem Heimatdorf Francop gelebt. Dort ist sie aufgewachsen, dort ist die junge Familie Jacobs während des Krieges zeitweise untergekommen. Für die Kinder ist der Bauernhof ein Abenteuerspielplatz.

Auf der Tafel vor dem Grabstein lese ich: »Rudolf Jacobs, der liebe Mann und gute Vater« ruhe fern in Sarzana und sei am 5. November 1944 »gefallen«. Dass er zwei Tage zuvor als Partisan von Faschisten erschossen wurde, erfährt man hier nicht.[277] Wir gießen die trockenen Blumen, ich pflanze ein paar Sommerastern

Unser Ausflug führt nun ins benachbarte Francop, südlich von Finkenwerder. Wir parken vor dem früheren Anwesen der Familie, das längst den Besitzer gewechselt hat.

Hier lebt Herta Jacobs während des Krieges mit Rudolf und Wilhelm, den zwei Söhnen.[278] Im November 1944, zum Zeitpunkt des Todes von Rudolf Jacobs, weiß sie nichts von der folgenschweren Entscheidung ihres Mannes, geschweige denn von seinem Tod 1350 Kilometer entfernt von ihr. Karten von Rudolf sind schon länger nicht mehr eingetroffen. Sie ist voller Sorge. Dann liegt zu Weihnachten 1944 ein Brief im Postkasten, Absender: Major Edwin Reith, Wien, verfasst am 22. Dezember 1944, Postamt Wien, Feldpost-Nummer 17563 P.

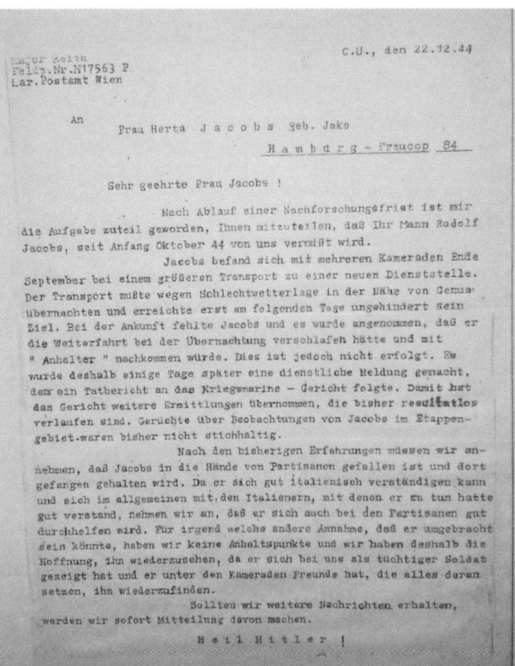

Major Reith
Feldp.Nr.N17563 P
Lar.Postamt Wien

C.U., den 22.12.44

An
Frau Herta J a c o b s geb. Jake
H a m b u r g - Fraucop 84

Sehr geehrte Frau Jacobs !

Nach Ablauf einer Nachforschungsfrist ist mir die Aufgabe zuteil geworden, Ihnen mitzuteilen, daß Ihr Mann Rudolf Jacobs, seit Anfang Oktober 44 von uns vermißt wird.

Jacobs befand sich mit mehreren Kameraden Ende September bei einem größeren Transport zu einer neuen Dienststelle. Der Transport mußte wegen Schlechtwetterlage in der Nähe von Genua übernachten und erreichte erst am folgenden Tage ungehindert sein Ziel. Bei der Ankunft fehlte Jacobs und es wurde angenommen, daß er die Weiterfahrt bei der Übernachtung verschlafen hätte und mit " Anhalter " nachkommen würde. Dies ist jedoch nicht erfolgt. Es wurde deshalb einige Tage später eine dienstliche Meldung gemacht, dem ein Tatbericht an das Kriegsmarine - Gericht folgte. Damit hat das Gericht weitere Ermittlungen übernommen, die bisher resultatlos verlaufen sind. Gerüchte über Beobachtungen von Jacobs im Etappengebiet waren bisher nicht stichhaltig.

Nach den bisherigen Erfahrungen müssen wir annehmen, daß Jacobs in die Hände von Partisanen gefallen ist und dort gefangen gehalten wird. Da er sich gut italienisch verständigen kann und sich im allgemeinen mit den Italienern, mit denen er zu tun hatte gut verstand, nehmen wir an, daß er sich auch bei den Partisanen gut durchhelfen wird. Für irgend welche andere Annahme, daß er umgebracht sein könnte, haben wir keine Anhaltspunkte und wir haben deshalb die Hoffnung, ihn wiederzusehen, da er sich bei uns als tüchtiger Soldat gezeigt hat und er unter den Kameraden Freunde hat, die alles daran setzen, ihn wiederzufinden.

Sollten wir weitere Nachrichten erhalten, werden wir sofort Mitteilung davon machen.

H e i l H i t l e r !

Frau Herta Jacobs geb. Jacke
Hamburg - Francop
Hohenwischer Strasse 155
(Germania)

Hamburg-Francop, 14.8.1959

An den
Herrn Bürgermeister der Stadt Sarcana,
S a r z a n a (Provinz La Spezia)
(Italia)

Hochverehrter Herr Bürgermeister,

Heute komme ich zurück auf Ihren an mich gerichteten Brief vom 27.2.1957, worin Sie mir die schmerzliche Mitteilung machten, dass mein Mann Rudolf Jacobs am 3.November 1944 gestorben ist und in einer kleinen Kapelle des Friedhofes von Sarzana die letzte Ruhe gefunden hat. Nun trage ich mich mit der Absicht, in diesem oder im nächsten Jahre mit meinem Sohne Rudolf Jacobs jun. die Ruhestätte meines Mannes aufzusuchen. Sie hatten in Ihrem Briefe mir Ihre freundliche Hilfe angeboten, und nun möchte ich Sie bitten, mir mitzuteilen, wo ich dort ein Hotel finden kann, da ich dann einige wenige Tage dort bleiben möchte.

Für Ihre Unterstützung sage ich Ihnen im voraus meinen verbindlichsten Dank und begrüsse Sie

mit vorzüglicher Hochachtung

Jacobs sei verschollen, schreibt der Major, vermutlich in die Hände von Partisanen gefallen, aber er könne sich sicher durchhelfen. 80 Jahre später ist für Sohn Rudolf Junior klar: Der Major hat nicht alles erzählt in seinem Brief. Man müsse zwischen den Zeilen lesen.

»Er wusste garantiert, dass Papa zu den Partisanen gegangen ist. Er hat den Brief geschrieben, damit Mutti und wir nicht verfolgt werden konnten von den Nazis! Denn wenn die festgestellt hätten, dass Papa zu den Partisanen gegangen ist, dann wären wir weg gewesen vom Fenster.«

Noch hofft Herta und organisiert mühevoll das Überleben mit den Kindern. Auch als der Krieg vorbei ist, bleibt Rudolf »verschollen«.

Aber schon bald muss Herta auf irgendeinem Weg vom Tod Ihres Mannes erfahren haben, denn sie schreibt einen Brief an den Magistrat von Lerici, dem Küstenort, zu dem das Dorf Pugliola gehört. Er trifft dort am 16. August 1947 ein: Der Gärtner der Villa in Pugliola, wo ihr Mann stationiert war, habe sie wissen lassen, dass ihr Mann »Mitglied bei den Befreiern Italiens« gewesen und dass er dort erschossen worden sei. Sie bitte um eine Todesbescheinigung, damit sie in Hamburg eine Witwenrente beantragen könne.[279] Sie muss auch eine Antwort erhalten haben, in der ihr offiziell der Tod ihres Mannes bestätigt wird, denn am 4. Dezember 1947 meldet sie den »Sterbefall« beim Standesamt Hamburg Finkenwerder.[280]

Dort heißt es; »Anfang Oktober »gefallen in Italien, vermutlich von Partisanen«.[281]

Wie und von wem sie die Informationen erhalten hat, bleibt unklar. Eine Mitteilung der Wehrmacht erhält sie nicht. Der Sohn erinnert sich, dass jener Major Reith, der Vorgesetzte des Vaters, irgendwann nach Kriegsende persönlich bei der Familie aufgetaucht sei und unter dem Siegel der Verschwiegenheit vom Partisanen-Tod des Ehemannes und Vaters berichtet habe.

In jedem Fall wird Herta die bestürzende Nach-

Oben: Brief von Major Reith an Herta Jacobs 12/1944

Unten: Hertha Jacobs‘ Antwort an den Bürgermeister Paolino Ranieri

richt sofort den Schwiegereltern in Bremen in der Friedrich Missler-Straße 10 übermittelt haben. Hier hat sich mit dem Kriegsende und der Einnahme der Stadt durch die US-Alliierten vieles verändert. Rudolfs Eltern leben mit der befreundeten Familie Bolten beengt im Gartenpavillon der Villa, einst das Büro des Architekten. Davon erzählt mir Gerhard Bolten-Jacobs, Sohn von »Marie-Lise«, er ist somit der Neffe des Partisanen[282] und erinnert sich gut an den »Onkel Rudi«: Er hätte sich gewünscht, diesen Onkel, den Partisanen, näher kennenzulernen. Nach dem Krieg sei jedoch nur selten und eher vage von ihm erzählt worden.

Die ganze Wahrheit über ihren Mann, seine Fahnenflucht, sein Partisanenleben und seinen Tod erfährt Herta Jacobs erst zwölf Jahre nach Kriegsende. Ende Februar 1957 kommt ein Brief aus Sarzana an, von Paolino Ranieri, dem Bürgermeister. Er war der politische Inspektor und Freund »Rodolfos« in der »Brigade Ugo Muccini«.[283]

Ihn hat das Schicksal des deutschen Mitstreiters nie losgelassen. 12 Jahre fahndet er nach der Familie in Deutschland, wird schließlich fündig und lädt sie nach Sarzana ein. Diese Neuigkeiten aus Ligurien müssen wohl erst mal verarbeitet werden, denn Herta Jacobs antwortet erst eineinhalb Jahre später, am 14.8.1959[284]. Sie kündigt an, sie wolle nach Sarzana reisen und den Leichnam ihres Mannes in die Heimat überführen lassen.

1947 wird Rudolf Jacobs die Ehrenmedaille der Garibaldini-Brigaden zuerkannt. Paolino Ranieri verleiht ihm posthum die Ehrenbürgerschaft der Stadt und erwirkt im Dezember 1971 die Auszeichnung mit der silbernen Ehrenmedaille des Verteidigungsministeriums der Republik Italien.[285]

Gent.ma Sig.ra
Herta Jacobs geb. Jacke
Hobenwischer Strasse 155
HAMBURG - FRANCOP

Gentilissima Signora,
soltanto dopo lunghe ricerche sono riuscito a rintracciare il suo indirizzo.
Ciò per adempiere al doloroso dovere di comunicarle che suo marito, Rudolf Jacobs, è deceduto in Sarzana (LA SPEZIA) il 3 novembre 1944, e che la sua salma è tumulata nel nostro cimitero. –
Nel darle questa comunicazione desidero esprimerle la mia solidarietà e dichiararmi a disposizione …

DIPLOMA DI MEDAGLIA GARIBALDINA

Concesso a Rudolf Jacobs

in riconoscimento del valore militare e del grande amore di patria dimostrati combattendo nelle Brigate d'assalto «Garibaldi», la guerra di liberazione nazionale contro i tedeschi e contro il fascismo.

IL COMMISSARIO GENERALE delle Brigate d'Assalto «Garibaldi» — IL COMANDANTE GENERALE delle Brigate d'Assalto «Garibaldi»

Roma, 5 settembre 1947

Oben: Paolino Ranieri schreibt an Herta Jacobs, 1957

Unten: Ehrenurkunde der Partisanen-Brigade »Garibaldini«

Der Bürgermeister hat Sarzana zu einer Stadt der Erinnerung an den Widerstand gemacht und Rudolf Jacobs mit der Statue an der Villa Laurina dabei einen bedeutenden Platz eingeräumt.

Als die Witwe und ihr Sohn 1959 hier stehen, sind sie überwältigt und erschüttert zugleich. »Als wir die Statue gesehen haben«, berichtet Rudolf junior,« war meine Mutter sehr traurig, es hat sie sehr mitgenommen. Aber dass er zu den Partisanen gegangen ist, fand sie richtig.« Mutter und Sohn erleben, wie der Ehemann und Vater in Ligurien zur Legende geworden ist. »Als wir hörten, für was er gestorben ist, wofür er gekämpft hat, war ich stolz auf ihn, auf seine Ideen und auf sein Empfinden.«

So dachte und so denkt bis heute nicht jeder in Deutschland. Nach dem Krieg

Sarzana: Rudolf Jacobs Junior ehrt seinen Vater

müssen ehemalige Deserteure und Überläufer schnell feststellen, dass es besser ist zu schweigen. Herta Jacobs hat ihre Familie immer gebeten, »darüber« nicht zu sprechen. Sabine Jacobs, die Nichte des Partisanen, erinnert sich, dass die Oma immer gebeten habe, nicht zu viel zu fragen. »Meist hieß es, der Onkel ist gefallen.«[286]

Als Rudolf Junior längst erwachsen ist und als Architekt arbeitet, erzählt er in der Kneipe einigen Hamburger Freunden und Kollegen von der Geschichte seines Vaters - und stößt auf Verachtung. »Sie nannten meinen Vater einen Vaterlandsverräter. Ich habe das hingenommen und geschwiegen, aber es hat sehr, sehr wehgetan! Ich finde das ganz schlimm! Man konnte doch ein System, das die Gaskammern gebaut hat, gar nicht verraten! Das kann man nur bekämpfen!«

Wer »Nein« zum Krieg gesagt hat, galt und gilt vielfach noch heute als Vaterlandsverräter. Jahrzehntelang hat ein großer Teil der Deutschen, vor allem in der restaurativen Adenauerzeit, Partisanen und Überläufer der Wehrmacht als Verbrecher verurteilt. So sind Orte und Rituale des Erinnerns an Deserteure und Fahnenflüchtige des Zweiten Weltkrieges bis heute eine Seltenheit in Deutschland.[287]

Siegfried Lenz, Der Überläufer. Eine Publikationsgeschichte 1952-2016

Wie verbreitet die Ablehnung der Deserteure war, zeigt eindrücklich die Publikationsgeschichte des Romans von Siegfried Lenz »Der Überläufer«. 1952 legt der junge Autor sein Manuskript vor. Lenz ist als junger Soldat in Dänemark desertiert. Anlass ist die Hinrichtung eines Kameraden gewesen, der sich aufgelehnt hat. »Sie brauchten einen Toten, um uns an ihre Macht zu erinnern«, schreibt Lenz in einem autobiografischen Text. Der Verlag Hoffman und Campe hat schon 1951 begeistert seinen Erstling »Es waren Habichte in der Luft« veröffentlicht, der auch als Fort-

setzungsroman in der Zeitung »Die Welt« gedruckt wird. 1952 legt Lenz das Manuskript für seinen zweiten Roman »Der Überläufer« vor. Etliche Zeitungen, z.B. die Frankfurter Allgemeine Zeitung (FAZ), lehnen den Vorabdruck ab. Der Verlagslektor zieht seine zuvor erteilte Zustimmung zurück. 1946 hätte so ein Buch erscheinen können, sagt er, aber jetzt, 1952 »will es keiner gewesen sein«. Der Verlagsleiter an Lenz: »Ich halte es für äußerst gefährlich, den Roman im bisherigen Zustande zu publizieren. Er würde, was seine ›Gesinnung‹ betrifft, scharf unter die Lupe genommen werden.« Lenz kommt sein ganzes Leben lang nie wieder auf das Manuskript zu sprechen und wird einer der wichtigsten Autoren der Bundesrepublik. »Der Überläufer« wird erst 2016 und zwei Jahre nach seinem Tod im Nachlass wieder entdeckt, veröffentlicht und zum Bestseller - nach 64 Jahren in der Schublade des berühmten Schriftstellers.[288]

Eine juristische Aufarbeitung und Anerkennung der Verweigerer, Deserteure und Überläufer dauert in der Bundesrepublik mehr als fünf Jahrzehnte.

Die erste Zäsur ist 1978 der Rücktritt des CDU-Politikers Hans Karl Filbinger als Ministerpräsident Baden-Württembergs.[289] Er hat als Marinerichter noch kurz vor Kriegsende Todesurteile gegen Soldaten wegen Fahnenflucht verhängt, Zuchthausstrafen in Todesurteile umgewandelt und deren Vollstreckung beschleunigt.[290] Filbinger hält zeitlebens an der Position fest: »Was damals Recht war, kann heute nicht Unrecht sein.«[291] Am 7. August 1978 muss er zurücktreten, weil die CDU ihm die weitere Gefolgschaft verweigert.

Anfang der Achtzigerjahre erstarken die Friedensinitiativen. Einige wollen »den unzähligen und unbekannten Kriegsgegnern der Vergangenheit und Gegenwart« ein Denkmal setzen: Erstmals 1981 in Kassel und 1983 in Bremen-Vegesack, wo seitdem im Foyer des Gustav Heinemann-Bürgerhauses das Denkmal des »Unbekannten Deserteurs« steht. Und seit 2011 ist daneben eine Gedenktafel für Rudolf Jacobs angebracht.[292]

Es braucht ein halbes Jahrhundert und einen Generationswechsel in der Justiz, bis die Gesetzgebung einer solchen Haltung folgt: Zunächst erklärt der Bundestag am 25. Januar 1985 die Urteile des Volksgerichtshofes für ungültig. Sie seien »ein Terrorinstrument zur Durchsetzung der NS-Willkürherrschaft gewesen«, so die Begründung. In einem nächsten Schritt setzen sich vor allem »Die Grünen«[293] für eine Rehabilitierung der Deserteure ein. Am 5. März 1986 stellt ihr Abgeordneter Hans Christian Ströbele eine große Anfrage, die auf Anerkennung und Entschädigung der Opfer der NS-Justiz zielt. Ohne Erfolg. Die CDU/FDP-Bundesregierung erklärt: Auch in demokratischen Staaten sei es in Kriegszeiten üblich, Fahnenflucht oder Zersetzung der Wehrkraft zu bestrafen.[294]

Fünf Jahre später, im September 1991, erklärt das Bundessozialgericht in einem aufsehenerregenden Urteil das NS-Kriegssonderstrafrecht[295] zur »rechtsstaatswidrigen Entartung der Todesurteilspraxis«. Die Richter sprechen erstmals den Hinterbliebenen der Deserteure eine Opferentschädigung zu,[296] was eine heftige öffentliche Debatte auslöst. Als der Vorsitzende der Bundesvereinigung »Opfer der NS-Militärjustiz«, der Wehrmachtsdeserteur Ludwig Baumann, auf Einladung der Stadt Mann-

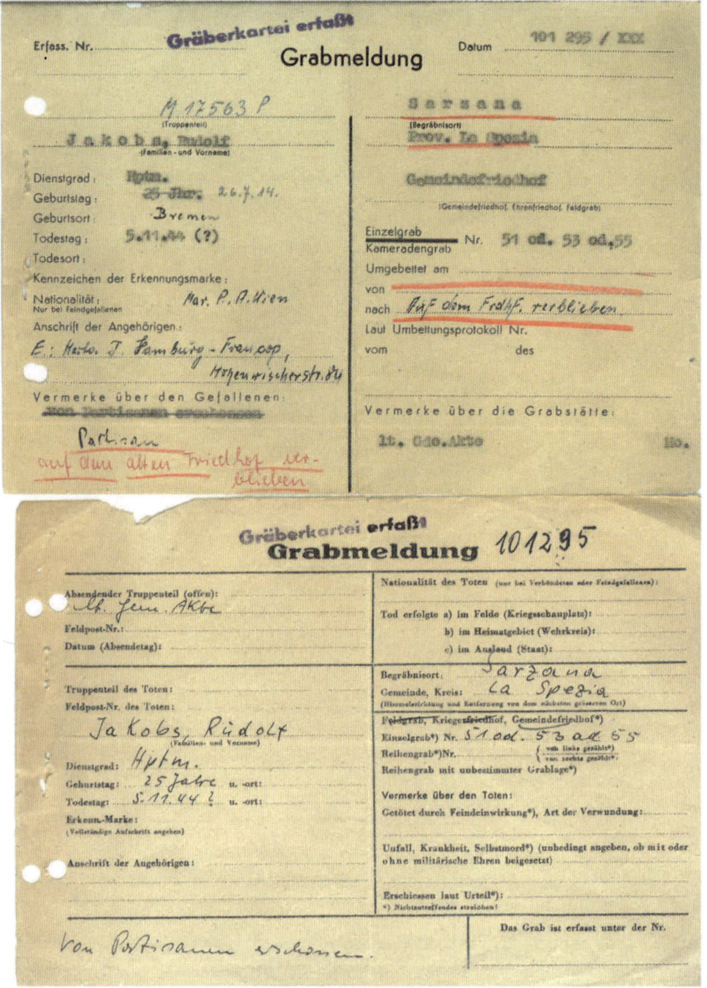

Gräberkartei erfaßt

Erfass. Nr.

Grabmeldung

Datum 101 295 / XXX

M 17563 P (Truppenteil)

Jakobs, Rudolf (Familien- und Vorname)

Dienstgrad: Hptm.

Geburtstag: ~~25 Jhr.~~ 26.7.14.

Geburtsort: Bremen

Todestag: 5.11.44 (?)

Todesort:

Kennzeichen der Erkennungsmarke:

Nationalität: Nur bei Feindgefallenen

Anschrift der Angehörigen:

Vermerke über den Gefallenen:

Partisan

auf dem alten Friedhof verblieben

Sarzana (Begräbnisort)

Prov. La Spezia

Gemeindefriedhof (Gemeindefriedhof, Ehrenfriedhof, Feldgrab)

Einzelgrab / Kameradengrab Nr. 51 od. 53 od. 55

Umgebettet am

von

nach Auf dem Frdhf. verblieben

Laut Umbettungsprotokoll Nr.

vom des

Vermerke über die Grabstätte:

lt. Gde.Akte Ho.

Gräberkartei erfaßt

Grabmeldung 101295

Absendender Truppenteil (offen):

Feldpost-Nr.:

Datum (Absendetag):

Truppenteil des Toten:

Feldpost-Nr. des Toten:

Jakobs, Rudolf (Familien- und Vorname)

Dienstgrad: Hptm.

Geburtstag: 25 Jahre u. -ort:

Todestag: 5.11.44 ? u. -ort:

Erkenn.-Marke: (Vollständige Aufschrift angeben)

Anschrift der Angehörigen:

Nationalität des Toten (nur bei Verbündeten oder Feindgefallenen):

Tod erfolgte a) im Felde (Kriegsschauplatz):

b) im Heimatgebiet (Wehrkreis):

c) im Ausland (Staat):

Begräbnisort: Sarzana

Gemeinde, Kreis: La Spezia

(Himmelsrichtung und Entfernung von dem nächsten größeren Ort)

~~Feldgrab~~, Kriegs~~friedhof~~, Gemeindefriedhof*)

Einzelgrab*) Nr. 51 od. 53 od. 55

Reihengrab*) Nr. (von links gezählt*) / von rechts gezählt*))

Reihengrab mit unbestimmter Grablage*)

Vermerke über den Toten:

Getötet durch Feindeinwirkung*), Art der Verwundung:

Unfall, Krankheit, Selbstmord*) (unbedingt angeben, ob mit oder ohne militärische Ehren beigesetzt)

Erschiessen laut Urteil*):

*) Nichtzutreffendes streichen!

von Partisanen erschossen.

Das Grab ist erfasst unter der Nr.

Grabmeldung

heim zu einer Rede zum Gedenken an die über 20.000 ermordeten Wehrmachtdeserteure ansetzt, verlässt die Abordnung der Bundeswehr demonstrativ die Feier. Ein Sprecher erklärt später, solches Gedenken bedeute »eine Diffamierung der Wehrmacht«.[297]

Den größten Einschnitt in dieser Debatte markiert 1995 die Ausstellung »Die Verbrechen der Wehrmacht«. Sie räumt erstmals komplett mit dem bis dahin gepflegten Bild von der »sauberen Wehrmacht« auf. Die heftig diskutierte Wander-Ausstellung zeigt die Beteilung von Wehrmachtssoldaten an Verbrechen im Zweiten Weltkrieg, vor allem in der Sowjetunion und in Polen.[298] Im selben Jahr stellt der Bundesgerichtshof fest, Kriegsrichter hätten die Todesstrafe missbraucht und »Terrorjustiz« praktiziert. Die Evangelische Kirche in Deutschland ruft während ihrer 8. Synode den Bundestag auf, die Wehrmachtsurteile wegen Desertion und Wehrkraftzersetzung für Unrecht zu erklären. Die Republik ist in Bewegung geraten.

1998 hebt der Deutsche Bundestag die NS-Unrechtsurteile auf.[299] Dazu zählen auch die Urteile gegen Kriegsdienstverweigerer und »Wehrkraftzersetzer«.[300] Vier Jahre später[301] folgt mit den Stimmen von SPD, Grünen und PDS und gegen die von CDU/CSU und FDP die pauschale Aufhebung aller Urteile gegen Deserteure der Wehrmacht. Dieses Rehabilitierungsgesetz erreicht nur noch 150 hochbetagte ehemalige Deserteure. Militärhistoriker Dr. Wolfram Wette konstatiert: »Die materielle Entschädigung der Opfer der NS-Militärjustiz spielte nie eine dominierende Rolle (...) Primär ging es den Befürwortern um eine neue politische Orientierung, um eine demokratische Erinnerungskultur, in der Werte wie Eigenverantwortlichkeit, politische Wachsamkeit, Zivilcourage und nicht zuletzt Friedfertigkeit maßgebliche Orientierungspunkte bildeten.«[302]

So ist Bundesinnenminister Otto Schily (SPD) 2004[303] der erste Vertreter des deutschen Staates, der in Italien die deutschen Soldaten würdigt, die Nein zu den Verbrechen der Wehrmacht gesagt haben. Im toskanischen Dorf Sant'Anna di Stazzema, am Ort eines der größten Verbrechen der Wehrmacht, spricht Schily besonders jene deutschen Soldaten an, »die ihre Waffen nicht auf unschuldige Frauen und Kinder gerichtet haben. Es waren wenige, viel zu wenige«, betont er am Mahnmal der Gemeinde.[304]

2009 schließlich[305], 64 Jahre nach Kriegsende, erfolgt als Schlusspunkt die bis dahin heftig umstrittene Rehabilitierung der sogenannten »Kriegsverräter«, also jener, die wie Jacobs zum Feind übergelaufen sind, Informationen weitergegeben und Militärgeheimnisse preisgegeben haben. Erst jetzt sind sie keine Straftäter mehr. Hätte Rudolf Jacobs überlebt und wäre nach Deutschland zurückgekehrt, so hätte er 95 Jahre alt werden müssen, um das zu erleben. Und er hätte viele Jahrzehnte Ablehnung und auch Verachtung ertragen müssen. Er hätte wie viele der Deserteure unter dem Stigma »Kriegsverräter«, »Kameradenschwein« und »Feigling« gelitten. 2009 ist auch er posthum rehabilitiert.

Ich öffne nochmals Jacobs' Akte im Berliner Bundesarchiv, will wissen, was in den Dokumenten über die Todesursache des Bremer Partisanen berichtet wird. Bei der Bundeswehr wird er für Jahrzehnte als »gefallen« geführt: »Herr Jacobs ist Anfang Oktober 1944 (Tag nicht feststellbar) gefallen. Auf dem Gemeindefriedhof Sarzana/ La Spezia fand er seine letzte Ruhe.«[306]

In der Gräberkartei steht zunächst lapidar: »Partisanen«. Dann heißt es, der Marineobergefreite Jacobs habe in Italien »den Tod gefunden«. Todesursache: »Von Partisanen erschossen.« Später wird dies, ohne Datumsangabe, durchgestrichen und handschriftlich korrigiert zu: »Partisan.« Und mit rotem Stift wird vermerkt. »Auf dem alten Friedhof verblieben.«[307] Der ist in Sarzana.

Memoria

Der »Campo Santo« von Sarzana am Rande der Stadt, dort wo Felder und Obstplantagen beginnen. Im Sommer 2019 gehe ich zum ersten Mal die zypressengesäumten Wege entlang, vorbei an den typisch italienischen Grabhäusern aus hellem Stein mit Fotos der Verstorbenen, Grablichtern und Nelken und Rosen aus Plastik. Suchen muss ich nicht lange: Vom Haupttor führt ein breiter Weg geradewegs zu einem zentralen Mahnmal.

Oben: Friedhof Sarzana

Unten: Einweihung des Partisanen-Denkmals, 1954

In den Marmor gemeißelt: Leidende Zivilisten im Krieg und ihre Helfer, die »Partigiani«. Tausende haben sich im November 1954 versammelt, als es eingeweiht wird. Daneben das Ehrengrab für die gefallenen Brigadisten von Sarzana, auf der Rückseite ihre Fotos und Namen.[308]

Mitten unter ihnen: Rudolf Jacobs, der einzige Deutsche. Hinter der runden Glasscheibe das vertraute Gesicht. Auf dem Sims frische Sommerblumen.

Familie Jacobs steht 1959 bei ihrem Besuch in Sarzana zum ersten Mal an diesem Ort, 15 Jahre nach dessen Tod. Die Söhne sind inzwischen junge Männer.

Rudolf Junior hat seinen Vater zum letzten Mal im Alter von sieben Jahren gesehen, beim Abschied 1944 im Bahnhof von Hamburg-Harburg. »Es war einfach nur erhebend, dass ich da sein konnte, wo mein Vater gewesen ist.«

An diesem Ort revidiert die Witwe ihre Entscheidung über die letzte Ruhestätte. Sie möchte nun keine Rückführung mehr. Die Urne soll bleiben, wo sie ist: in Sarzana. »Hier war er ein Ideal«, erklärt ihr Sohn, »aber bei uns in Deutschland war er das nicht. Er wurde sogar eher verachtet.« Seine Mutter habe festgelegt: »Er bleibt hier liegen, wo er geliebt wurde.«[309]

Ehrengrabstätte für die Partisanen von Sarzana

Rudolf Jacobs junior besucht noch oft die Ruhestätte seines Vaters und erzählt mir von seinen Begegnungen mit den Einheimischen: »›Rodolfo, Rodolfo‹ haben sie gerufen, weil ich meinem Vater ähnlich sehe!« In etlichen Wohnzimmern der Italiener entdeckt er das Foto seines Vaters, auf dem er ihn und seinen Bruder liebevoll umfasst. »Oft stand es auf dem Kaminsims direkt neben der Madonna!« Auch Edilio Lupi aus Pugliola lernt er kennen, den Verbindungsmann zwischen Jacobs und den Partisanen. »Du kannst stolz auf deinen Vater sein, er hat sein Leben geopfert für ein Ende des Krieges, für unser Land«, sagt der Arbeiterkämpfer und umarmt den Sohn.[310] 1980 ist die Tochter Claudia beim Sarzana-Besuch dabei.[311] Sie erlebt am Ehrengrab ihres Großvaters eine zu Herzen gehende Aufnahme. »Da sind ältere Leute vor mir auf die Knie gegangen und haben mir die Hände geküsst! Mir läuft heute noch ein Schauer über den Rücken! Ich war 18 Jahre alt und zwei Generationen später. Durch diese Reaktionen ist mir erst bewusst geworden, was damals passiert ist.«

Auch 45 Jahre später, 2004, zum 60. Todestag des Vaters, steht der Sohn inmitten vieler Einheimischer auf der Piazza San Giorgio, am Portal der Villa Laurina, dort, wo das Leben seines Vaters durch die Schüsse von Schwarzbrigadisten ausgelöscht wurde.

Immer wieder spürt seine Familie, dass ihr Vater und Großvater hier in Norditalien als Held der Befreiung verehrt wird. Alljährlich an seinem Todestag und vor allem am 25. April, am Nationalen Tag der Befreiung, zieren Kränze und Blumen die Gedenkorte. Im ganzen Land ist das so: In Versammlungen und Ansprachen erinnern die Italiener an den Kampf der Resistenza für die Befreiung und an die vielen Opfer des NS-Terrors. Auf den Gedenktafeln tauchen immer mal wieder auch deutsche Namen auf, von Wehrmachtssoldaten, die sich den Partisanen angeschlossen haben.

Allerdings: Seit Langem sind es vor allem die Nachfahren der Partisanen und die Mitte-Links-Parteien, die am 25. April an die Resistenza erinnern und an das antifaschistische Fundament der Ersten Italienischen Republik. Viele italienische

Vinca / Toskana: Der Deutsche Udo Sürer ehrt die Opfer des NS-Massakers

Bürger begehen eher die »Festa della Repubblica« am 2. Juni, dem Tag der Gründung dieser Republik im Jahr 1946. Die rechten Parteien, vor allem die Regierungspartei »Fratelli d'Italia« haben auch hier den antifaschistischen Bezug längst ad acta gelegt. Das heutige Italien begeht also eine »festa divisiva«, einen Feiertag der politischen Zwietracht statt der nationalen Einheit.[312]

In den Dörfern San Terenzo Monti, Valla und Vinca[313] allerdings, ganz in der Nähe von Jacobs Standort Pugliola, wird die Erinnerung an die Massaker und an die Befreiung von fast allen Bürgern wachgehalten.[314]

Bei meinen Recherchen stoße ich auf den Namen Udo Sürer. Der deutsche Anwalt aus Lindau am Bodensee ist seit 2005 immer bei dieser Gedenkfeier dabei: Er ist der Sohn des SS-Unterscharführers Josef Mayer, der beteiligt war an den Massakern. Nach langen Jahren, erzählt mir Sürer[315], ist er der SS-Geschichte seines Vaters auf die Spur gekommen: Da war die am Arm tätowierte Blutgruppe, da war das Soldbuch, das eindeutig bewies: Ja, der Vater war am Massaker von Vinca, vermutlich auch in San Terenzo, beteiligt. Er gehörte zu Reders SS-Einheit.

Eines Tages, nach langem Zögern, fährt er hin zum Ort der Verbrechen: »Ich suchte die kleine Straße nach Vinca, sah vor einem Haus einen alten Herrn sitzen und fragte ihn nach dem Weg. ›Warum wollen Sie das wissen?‹, antwortete er. Und ich habe ihm gesagt, dass ich der Sohn von einem der SS-Männer bin, die das Massaker verübt haben.« Dieser Mann ist Romolo Guelfi, einer der wenigen Überlebenden. Als Junge hat er im Waldversteck das Massaker überlebt, aber nie die Schreie der Opfer vergessen, drei davon seine Angehörigen. »Gut, dass Sie gekommen sind« – mehr sagt Romolo Guelfi nicht, steht auf und begleitet den Sohn des Täters zum Gedenkort.

Viele Jahre seines Lebens hat Udo Sürer unter Depressionen und Kraftlosigkeit gelitten, Belastungssymptome, von denen auch andere Kinder von NS-Tätern berichten. Er distanziert sich früh von seinem strengen und abweisenden Vater, der nie Reue gezeigt hat. Er nimmt einen anderen Namen an. Aber der Weg bis nach Terenzo, Valla und Vinca ist weit: Wie würden die Leute, vor allem die wenigen Überlebenden und die Angehörigen der Opfer, auf ihn reagieren?, fragt er sich. Aber dann erlebt er Menschen, die auf ihn zugehen und mit ihm Freundschaft schließen.

In seiner Rede am Gedenktag 2008 in Vinca dankt Sürer den Bürgern dafür, dass er ihre Trauer teilen darf, spricht von Erinnerung und einem gemeinsamen friedvollen Europa. Viele Einheimische umarmen ihn. Seit 2015 ist Sürer Ehrenbürger der Gemeinde Fiffizano. »Es ist gut, dass Sie gekommen sind« - diese Worte des Überlebenden Romolo Guelfi haben sich bestätigt.[316]

ALLA COMMEMORAZIONE DELL'ECCIDIO

La lapide con i nomi dei caduti, una foto dell'eccidio e Andreina Arfanotti con Udo Surer, figlio di un sergente SS

Il figlio di un criminale delle SS fa commuovere la gente di Vinca

IL SECOLO XIX 26.8.08 S.27

MOMENTI di emozione fortissima sono stati vissuti ieri mattina durante l'annuale commemorazione dell'ecci-

palco e si è inchinato rivolto alle numerose persone presenti nella piazza. E' un avvocato di 55 anni, ha buona

aveva commesso e di cui mai aveva provato pentimento».
L'emozione ha preso il sopravvento

Übersetzung: »Der Sohn eines SS-Täters bewegt die Menschen von Vinca«

Der Anwalt aus Lindau hat sich aus ganz persönlichem Antrieb auf den Weg gemacht, in niemandes Auftrag, sicher auch zur Verarbeitung seines eigenen Traumas als Täter-Sohn.

Dieser »andere« Deutsche trifft am 25. August 2019 auf den Vertreter des offiziellen deutschen Gedenkens, auf Bundespräsident Frank Walter Steinmeier (SPD), der gemeinsam mit seinem italienischen Amtskollegen Sergio Mattarella gekommen ist. »Wir Deutsche wissen«, sagt Steinmeier, »welche Verantwortung wir für diese Verbrechen tragen. Es ist eine Verantwortung, die keinen Schlussstrich kennt.« Der Umgang mit den Tätern im Nachkriegsdeutschland ist allerdings vom jahrelangen Bemühen um genau so einen Schlussstrich gekennzeichnet.

Die Täter

Die Geschichte der deutschen Täter nach dem Krieg ist ein bislang wenig erforschtes Gebiet in der Aufarbeitung des Krieges, betont der Historiker Dr. Carlo Gentile.[317] Nur ganz wenige NS-Täter werden in Italien nach dem Krieg angeklagt und verurteilt: Gustav Adolf Herbert Kappler[318] verantwortet als SD-Leiter in Rom das Massaker an den Ardeatinischen Höhlen am 24. März 1944 am Rande Roms. Er wird zu lebenslanger Haft verurteilt, die er in der Festung der Küstenstadt Gaeta absitzt. 1977 wegen einer Krebserkrankung in das römische Militärkrankenhaus verlegt, gelingt ihm im selben Jahr die Flucht nach Deutschland, wo er einige Monate später stirbt.

Der Österreicher Walter Reder, als Kommandeur der »SS-Panzer-Aufklärungs-Abteilung 16« verantwortlich für die größten Massaker an der Zivilbevölkerung in Italien, vor allem auf dem Monte Sole bei Marzabotto[319], wird 1951 in Bologna zu lebenslanger Festungshaft ebenfalls in Gaeta verurteilt und 1985 nach langen Regierungsverhandlungen nach Österreich überstellt.

Die Verfolgung der deutschen Täter rückt in Italien bald in den Hintergrund. Vorrangig sind nun die guten Verbindungen zu Deutschland: gemeinsame Westpolitik im Kalten Krieg, Nato-Bündnis, Europa, Wirtschaftswunder, Gastarbeiter und Tourismus. Die Beziehungen sind gut. Staatsanwaltliche Ermittlungen bleiben bald aus. Schon während des Kappler-Verfahrens hat die Bundesrepublik erfolgreich die Freilassung fast aller in Italien einsitzenden »Kriegsverurteilten« erwirkt.

Rom will Rücksicht nehmen auf das Partnerland.[320] In Italien verstauben für Jahrzehnte die Akten von 2.274 NS-Kriegsverbrechen im »Schrank der Schande«. Der Chefankläger im Fall »Erich Priebke« entdeckt 1994 schließlich diese Unterlagen bei seinen Recherchen. Priebke[321] ist als deutscher SS-Hauptsturmführer an den Geiselerschießungen bei den Ardeatinischen Höhlen führend beteiligt. Nach dem Krieg entkommt er über die sogenannte »Rattenlinie« nach Argentinien. 1995 wird der SS-Mann nach Italien überstellt und 1998 in Rom zu lebenslanger Haft verurteilt, die er bis zu seinem Tod unter erleichtertem Hausarrest in Rom verbringt. Der Fall Priebke sorgt für internationales Aufsehen und für einen Wandel im Umgang mit deutschen Kriegsverbrechern.

Es ist vor allem der italienische Militär-Staatsanwalt Marco de Paolis[322], der nun eine Vielzahl von Gerichtsverfahren gegen deutsche Kriegsverbrecher anstrengt: 450 Verfahren zwischen 2002 und 2018, 17 Prozesse, 57 Verurteilungen deutscher Kriegsverbrecher. Jedoch hat keiner der Verurteilten die Haft jemals angetreten, da Deutschland keine Bundesbürger ausliefert. Werden in der Bundesrepublik Ermittlungen aufgenommen, so ziehen sie sich häufig hin bis zum Tod des in Italien Verurteilten. Folge: Der Täter bleibt lebenslang straffrei und unbehelligt. De Paolis berichtet, er sei bei den Befragungen, ob Tatverdächtiger oder Zeuge, nie auf eine Person gestoßen, die das Geschehene bereut habe, im Gegenteil. »Mir ist es einige Male passiert, dass ich wütende Menschen vor mir hatte, die noch immer Animositäten gegen die Italiener hatten. Die Angeklagten hatten immer ein sehr abweisendes Verhalten an den Tag gelegt, extrem kalt und gleichgültig.«[323]

Ein Beispiel aus der Gegend von Bremen ist Helmut Looß[324], seit 1944 Offizier der 16. SS-Panzer-Grenadier-Division »Reichsführer-SS«. Er bringt Erfahrung im Partisanenkampf an der Ostfront mit und ist an zahlreichen Massakern beteiligt, unter anderem am Monte Sole bei Marzabotto, in Sant'Anna di Stazzema, Valla und Vinca. Nach dem Krieg verschleiert er seine Vergangenheit, arbeitet ab 1946 unter dem Namen Helmut Gessert als Volksschullehrer im Bremer Stadtteil Horn und wird 1952 verbeamtet. 1965 wird ein Verfahren gegen ihn eingeleitet wegen der Verbrechen an der Ostfront. 1968 entzieht ihm die Stadt Bremen die Verbeamtung. Ein Jahr später wird Looß verurteilt, allerdings gelten die Verbrechen mittlerweile als verjährt. Am 25. November 1988 stirbt er in Lilienthal bei Bremen.[325]

Für die Überlebenden in Italien und ihre Nachfahren ist es jahrzehntelang nahezu unmöglich, von deutschen Behörden gesicherte Informationen über Täter zu erhalten. Mit seiner Online-Dokumentation »NS-Massaker im besetzten Italien (1943–1945) in der Erinnerung der Täter« will der Historiker Gentile Licht in dieses Kapitel der Erinnerung bringen: »Wir wollen das gesellschaftliche Schweigen zu den zwischen 1943 und 1945 verübten Massakern durchbrechen.«

Im Sommer 2021 steige ich wieder in Framura aus dem

Oben: Cinque Terre: Blick von Montaretto

Unten: Enrico Bonarini, Inhaber des »Alimentari«, Montaretto

Zug, wo drei Jahre zuvor mit dem zerfledderten Plakat im Bahnhof meine Geschichte mit Rudolf Jacobs begonnen hat. Ich wandere ins Dörfchen Montaretto hoch über den azurblauen Buchten und den Dörfern der Cinque Terre, deren bunte Häuschen wie Vogelnester zwischen Meer und Himmel leuchten. Bei Enrico Bonarinis Alimentari, dem Dorfladen, mache ich halt und bestelle Wasser und ein Panino.

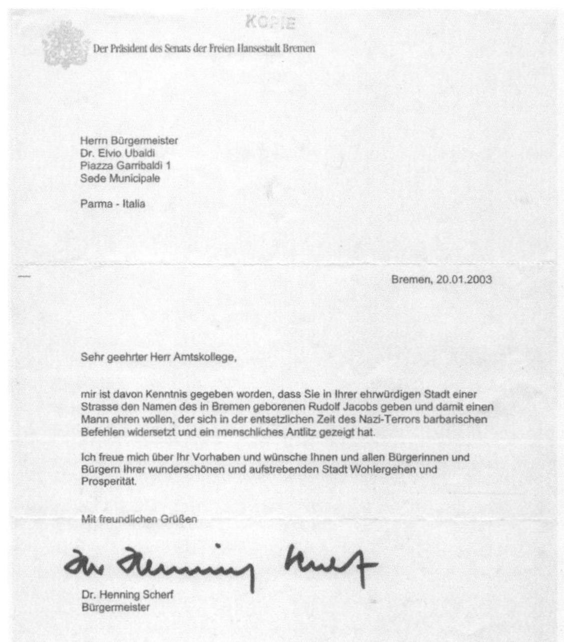

KOPIE

Der Präsident des Senats der Freien Hansestadt Bremen

Herrn Bürgermeister
Dr. Elvio Ubaldi
Piazza Garribaldi 1
Sede Municipale

Parma - Italia

Bremen, 20.01.2003

Sehr geehrter Herr Amtskollege,

mir ist davon Kenntnis gegeben worden, dass Sie in Ihrer ehrwürdigen Stadt einer Strasse den Namen des in Bremen geborenen Rudolf Jacobs geben und damit einen Mann ehren wollen, der sich in der entsetzlichen Zeit des Nazi-Terrors barbarischen Befehlen widersetzt und ein menschliches Antlitz gezeigt hat.

Ich freue mich über Ihr Vorhaben und wünsche Ihnen und allen Bürgerinnen und Bürgern Ihrer wunderschönen und aufstrebenden Stadt Wohlergehen und Prosperität.

Mit freundlichen Grüßen

Dr. Henning Scherf
Bürgermeister

Wir kommen ins Gespräch, und ich frage nach den alten Partisanen von Montaretto. Ich erzähle von Rudolf Jacobs und bin überrascht, dass selbst hier im abgelegenen Bergdorf der Bremer Partisan unvergessen ist. »Ja«, sagt Enrico, »den kenne ich. Er hatte den Mut, für andere einzutreten und die Seite zu wechseln. Das muss - gerade auch innerlich - für ihn hart gewesen sein. Besonders bin ich beeindruckt, wie der Deutsche Rudolf Jacobs als Freund zu den Partisanen kommt. Er ist mir ans Herz gewachsen, come un esempio - als ein Vorbild.«

Wieder in Bremen, bekomme ich einen Brief in die Hände, den Bürgermeister Dr. Henning Scherf (SPD) am 20. Januar 2003 an seinem Amtskollegen Dr. Elvio Ubaldi nach Parma geschrieben hat.

Dort ist gerade eine Straße nach Rudolf Jacobs benannt worden. Scherf bedankt sich für die Ehrung des Bremers, »der sich in der entsetzlichen Zeit de Nazi-Terrors barbarischen Befehlen widersetzt und ein menschliches Antlitz gezeigt hat«. Allerdings: Auch zwanzig Jahre später, 2024, findet man in Bremen keine Rudolf-Jacobs-Straße - aber die Gedenktafel in Vegesack im Gustav Heinemann-Bürgerhaus, eingeweiht 2014 von Gerd Meyer, dem ehemaligen Leiter des Hauses. Er ist der erste Bremer, der sich auf die Spuren des Rudolf Jacobs begeben hat: »Für mich ist Rudolf Jacobs so etwas wie ein Vorbild«, sagt der norddeutsch-zurückhaltende Meyer nachdenklich, »ich bin beeindruckt von dieser Konsequenz, von dieser Gradlinigkeit, dass man für etwas einstehen muss, auch wenn's unbequem ist. Diese Leute haben damals wirklich ihr Leben aufs Spiel gesetzt.«

Meyer ist es auch, der den Impuls für die »Friedensschule Marzabotto-Bremen-Vegesack« gegeben hat. Diese europäische Partnerschaft beginnt mit einem Besuch des Bremer Bürgermeisters Hans Koschnick (SPD)[326] 1984 am Monte Sole, gefolgt vom Gegenbesuch aus Marzabotto. Seitdem treffen sich Friedensbewegte hier wie dort zu Workcamps. Bremer und Bremerinnen jeden Alters besuchen Marzabotto, Bewohner der italienischen Gemeinde reisen nach Vegesack und bringen Pasta und Vino mit. Die Italiener pflanzen in Vegesack an »Bahrs Plate« einen kleinen Rosengarten, um an die italienischen Militärinternierten zu erinnern, die hier in Baracken untergebracht waren und täglich an der Baustelle des Bunker Valentin schuften mussten, Zwangsarbeit, die für viele mit dem Tod endete.

Bürgermeister Dr. Henning Scherf an der Gedenkstätte Monte Sole/ Marzabotto

Die Gemeinden wachsen zusammen. Ein Freundschaftsvertrag wird unterzeichnet. Jugendliche aus Lidice, Riga und Mostar kommen zu Besuch. Bremens Bürgermeister Dr. Henning Scherf (SPD) nimmt an einem Friedenscamp teil.

Am 25. April 2022, dem nationalen Gedenktag, bin ich dabei, als der Ortsamtsleiter von Vegesack eine Ansprache am Monte Sole hält. Ein Jahr später ist eine Delegation aus Marzabotto in dem Bremer Gedenkort »Bunker Valentin« in Farge.

In den Workshops geht es auch um die Geschichte von Rudolf Jacobs. In Vegesack wird 1990[327] eine Ausstellung über den Bremer Partisan gezeigt, im Beisein von Paolino Ranieri, seinem Weggefährten in den Bergen. Jacobs, der in Italien geschätzte Deutsche, bleibt in Bremen aber weiterhin unbekannt. Erwähne ich seinen Namen, vermuten die meisten etwas Naheliegendes: Ein Sproß aus der Kaffee-Dynastie »Jacobs«.

2022 bemühe ich mich erneut, seine Geschichte in Bremen zu verbreiten. Der erste Versuch, wie in Parma eine Straße nach Jacobs zu benennen, erweist sich als sehr schwierig.

Also ein neuer Anlauf: Ich suche im Bremer Staatsarchiv nach einem offiziellen Beleg, dass Rudolf Jacobs Schüler des Hermann-Böse-Gymnasiums gewesen ist, damals Bremer Realgymnasium. Und ich finde, säuberlich per Hand ausgefüllt, zwei Karteikarten mit seinem Namen. Ich schreibe an die Direktorin der Schule.

Realgymnasium in Bremen.

Name: Jacobs
Vornamen: Rudolf Heinrich Otto Max

Geburtstag u. Jahr: 26. Juli 1914
Geburtsort: St. Magnus
Name u. Stand des Vaters: Rudolf J. Architekt
Wohnort des Vaters: Bremen
Wohnung des Schülers: Dobben 98
Konfession: ev.
Freistelle:

1. Nummer im Album: 2650
2. Welche Schule hat er vorher besucht?
3. Aufnahme: In Klasse: 6b Datum: O. 1925
4. Versetzt wegen der Versetzung:
5. Nicht versetzt:
6. Abgang: 1) Abiturient: Ost. Mich. 19 Beruf:
2) Aus Klasse: Datum:
Auf welche Schule?
Beruf: Seemann.

Karteikarte des Schülers Rudolf Jacobs am HBG

Brücken bauen

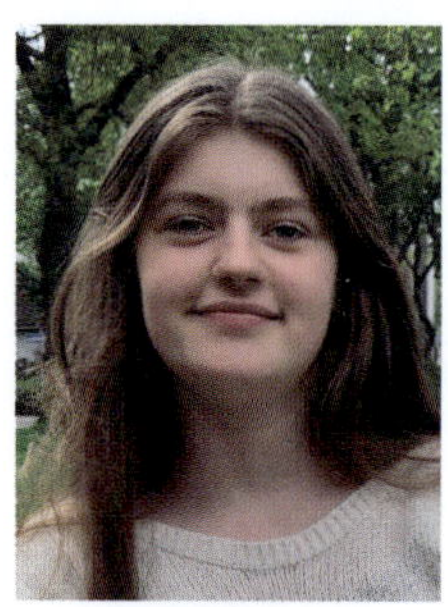

»Dagegen sein, auch wenn man selbst in Gefahr kommt – das ist für mich die Botschaft.« Léanne

»Er hat nicht auf das Regime gehört, sondern auf sich, er hatte den Mut, sich zu widersetzen.« Malik

»Wir haben Neonazis in Deutschland, und deshalb sollte jeder hier erfahren, was passiert ist in der Nazizeit und wer Rudolf Jacobs war. Jeder soll wissen: Wir tolerieren keinen Hass.« Philipp

Der 3. November 2022 ist einer der letzten milden Herbstnachmittage, der Himmel bewölkt, ein leichter Wind treibt die Blätter über den Vorplatz des Hermann-Böse-Gymnasiums. Unter den steinernen Blicken der Wandskulpturen von Johann Wolfgang von Goethe und Nikolaus Kopernikus hat sich der Chor der Schule aufgestellt, davor gut zweihundert Besucher.

Die Schüler singen die »Hymne« von Hermann Böse, dem Musiklehrer, der vor fast hundert Jahren Rudolf Jacobs unterrichtet hat. Dann intonieren sie »Bella Ciao«, das legendäre italienische Partisanenlied, das von Liebe, Abschied und Sterben erzählt. Ein bewegender Moment für alle, die sich versammelt haben rund um das Weserrenaissance-Portal des Gymnasiums.

Oben: Léanne Lehmbecker, 8. Kl., 13 J., HBG, 2022

Mitte: Malik Nold, 8. Kl., 13 J., HBG, 2022

Unten: Philipp Jürgens, 8. Kl., 13 J. HBG, 2022

Während der folgenden Ansprachen[328] gehe ich noch mal den Weg von dem Plakat im Bahnhof von Framura bis hierher zum Hermann-Böse-Gymnasium. 2019 habe ich hier angeklopft mit meiner Idee, den Ex-Schüler Rudolf Jacobs an seiner Schule bekannt zu machen, und bin auf Neugier und Begeisterung gestoßen, die ich erhofft, aber nicht unbedingt erwartet habe.

Viele Monate beschäftigen sich Schülerinnen und Schüler nun mit Rudolf Jacobs und dem Krieg in Italien, diskutieren über Krieg, Faschismus und Widerstand. Sie befragen Schüler und Lehrer zu Gewalt und Heldentum. Der Ex-Schüler Jacobs ist Forschungsthema der Geschichts-AG.

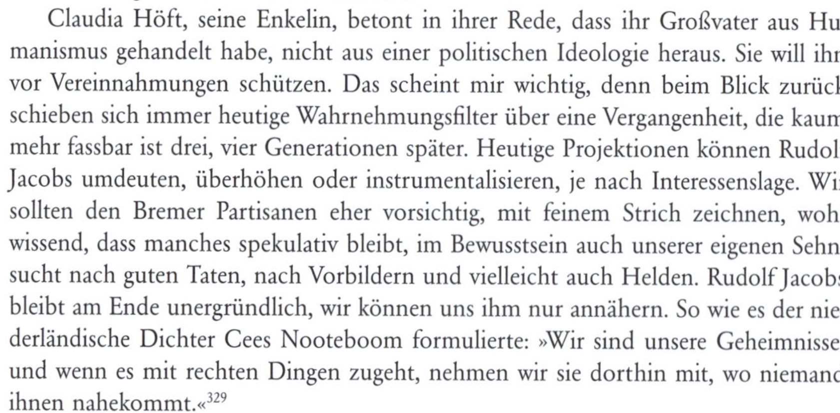

Claudia Höft, seine Enkelin, betont in ihrer Rede, dass ihr Großvater aus Humanismus gehandelt habe, nicht aus einer politischen Ideologie heraus. Sie will ihn vor Vereinnahmungen schützen. Das scheint mir wichtig, denn beim Blick zurück schieben sich immer heutige Wahrnehmungsfilter über eine Vergangenheit, die kaum mehr fassbar ist drei, vier Generationen später. Heutige Projektionen können Rudolf Jacobs umdeuten, überhöhen oder instrumentalisieren, je nach Interessenslage. Wir sollten den Bremer Partisanen eher vorsichtig, mit feinem Strich zeichnen, wohl wissend, dass manches spekulativ bleibt, im Bewusstsein auch unserer eigenen Sehnsucht nach guten Taten, nach Vorbildern und vielleicht auch Helden. Rudolf Jacobs bleibt am Ende unergründlich, wir können uns ihm nur annähern. So wie es der niederländische Dichter Cees Nooteboom formulierte: »Wir sind unsere Geheimnisse, und wenn es mit rechten Dingen zugeht, nehmen wir sie dorthin mit, wo niemand ihnen nahekommt.«[329]

Sicher war es Rudolf Jacobs' Nein zum Krieg, das den Ausschlag gab für seine Entscheidung, sein Entsetzen über die Verbrechen direkt in seiner Nähe. In jedem Fall war er kein »Held der letzten Stunde«, einer, der sich angesichts des sich abzeichnenden Zusammenbruchs »aus dem Staube macht«. Jacobs traf, wie Carlo Greppi betont, »la scelta radicale con il biglietto solo andato«, die radikale Entscheidung, ohne Rückfahrkarte. Piero Galantini, sein Gefährte in den Bergen, wollte ihn zurückhalten als Garant für ein besseres Deutschland - aber Jacobs nahm den Tod in Kauf, um so ein Beispiel für dieses »andere« Deutschland zu geben. Sein NSDAP-Parteibuch wirkt sperrig in diesem Bild des aufrechten Gangs - an der Radikalität der Entscheidung ändert es jedoch nichts, im Gegenteil: Sie gewinnt an moralischem Gewicht.

Seit dem 24. Februar 2022, dem Überfall Russlands auf die Ukraine, ist erneut Krieg in Europa. Das beschäftigt die Abiturientin Lena Grote in ihrer Rede: »Ich habe Angst vor dem jetzt so nahen Krieg in der Ukraine. Angst davor, dass es in Europa immer mehr Rechtsextremismus gibt und die Demokratie in Gefahr ist. Die Geschichte zeigt uns, wie schrecklich Krieg ist und wie viel Leid er Menschen wie Hermann Böse oder Rudolf Jacobs zufügt. Wir müssen in der heutigen Welt, in der sich all diese Dinge zu wiederholen drohen, dagegen ankämpfen, sodass niemand je in eine Situation wie Hermann Böse oder Rudolf Jacobs kommt und am Ende seinen Widerstand mit dem Leben bezahlt.«

Das violette Tuch wird weggezogen, und nun kann - weiß auf schwarz - jeder, der an der Schule vorbeikommt, auf der Gedenktafel lesen, wer diese beiden waren, Hermann Böse und Rudolf Jacobs, Lehrer und Schüler, beide auf so unterschiedliche Weise Opfer des Nationalsozialismus. An diesem Tag, an seinem 78. Todestag, ist Rudolf Jacobs »zurückgekehrt« in seine Heimatstadt.

Denise Murgia und Carlo Greppi, die italienischen Gäste, lassen die historische Fahne der Brigade Muccini wehen, dunkelrot, mit Sternen bestickt, jeder einem gefallenen Partisanen gewidmet, einer davon dem Bremer Partisan. »Ich habe hier Menschen getroffen, die bereit sind, die Erinnerung an

Chor des HBG bei der Einweihung der Gedenktafel für Rudolf Jacobs und Hermann Bösee

Geschichts AG des HBG: Arbeit über R. Jacobs (von links: Malik Nold, Greta Lettau, Philipp Jürgens)

Einweihung der Gedenktafel: Lena Grote (Rednerin), von links: Schülerin Fanny Bierwirth, Claudia Höft (Enkelin von R. Jacobs), Senatorin Sascha Aulepp

Enthüllung der Gedenktafel 3.11.2022 (von links: Claudia Höft, Senatorin Sascha Aulepp, Fanny Bierwirth, Lena Grote)

Jacobs zu pflegen«, sagt der Historiker aus Turin, »und an die deutschen Partisanen überhaupt, wohl wissend, dass sich Deutschland noch heute schwertut, den besondere Wert ihres Handelns anzuerkennen.«

Während die Gäste zur Veranstaltung in die Schule strömen, sehe ich vor meinem inneren Auge noch einmal den elfjährigen Rudolf, wie er 1925 in kurzen Hosen, mit Tornister und Brottasche, vielleicht mit einer Mütze auf dem vollen Haar vom Dobben 98 losläuft, oder vielleicht hat er ein Fahrrad, mit dem er die Straße »Außer der Schleifmühle« runterfährt, rechts abbiegt, die Gleise unterquert und die Bürgerweide passiert. Vielleicht schaut er hinüber zum Kleinbahnhof Bremen-Tarmstedt, der »Jan-Reiners-Bahn«, dort wo heute die Stadthalle steht. Der »Elefant« gegenüber der Schule kann ihm nicht den Blick versperren, denn das Backstein-Denkmal wird erst 1932 eingeweiht als Reichskolonial-Ehrenmal. Heute ist der Elefant ein Antikolonial-Mahnmal und außerdem das Logo des HBG. Rudolf drückt das schwere Portal auf und flitzt die breite Treppe hinauf zu seiner Klasse, der 6b. Vielleicht hat es schon geklingelt. Sein »Bremer Realgymnasium« sieht sicher gar nicht so viel anders aus als das heutige »HBG«, das gern mit dem Hogwards-Internat aus den Harry-Potter-Filmen verglichen wird.

Denise Murgia (ANPI Sarzana) und Dr. Carlo Greppi (Turin) mit der historischen Fahne von Jacobs' Partisanen-Brigade »Ugo Muccini«

»Jacobs ist ein Symbol dafür, dass es möglich war, über Grenzen und Differenzen hinweg für ein gemeinsames Ziel zu kämpfen: Die Freiheit.«[330]

Während der Podiumsdiskussion[331] in der imposanten Aula der Schule rückt Abiturientin Fanny Bierwirth vom »Helden Jacobs« ab. An Rudolf Jacobs und seine mutige Entscheidung solle auch bei uns erinnert werden, betont sie, aber als Helden möchte sie den Bremer nicht sehen, da im Krieg immer auf allen Seiten Gewalt ausgeübt werde. »Ich brauche keine Helden«, betont sie. Das sind Vorbehalte, die nahe liegen in unserer um Egalität bemühten liberalen Demokratie. Genau dieser Skepsis widerspricht der Philosoph Prof. Dr. Dieter Thomä, der in seinem Buch[332] ein entstaubtes und demokratie-taugliches Modell des Heldentums entwirft: »Diese Helden verkörpern keinen Rückfall in autoritäre Zeiten«, definiert der Philosoph, sondern sie widmeten sich einer Sache, die größer sei als sie selbst. Sie stellten dieses Anliegen über ihr eigenes Wohl und seien im Extremfall bereit, sich zu opfern. In einem Krieg könnten sie sogar diejenigen sein, die Gewalt ausüben: »Es geht ihnen darum, ein Regime zu stürzen und das Leben derer zu retten, die von ihm bedroht werden. Dafür setzen sie sich unter höchster Gefährdung ihres Lebens ein.«[333] In diesem Sinne kann man sich Jacobs als Helden vorstellen, einer, der nicht über den Menschen thront, dessen Motive »larger than life« sind, aber immer unterlegt mit einer zutiefst menschlichen Mischung aus Ängsten und Sehnsüchten.

Podiums-Diskussion im HBG 2022, von links: Ekkehard Bohne (Friedensschule Vegesack-Marzabotto), Fanny Bierwirth (Schülerin), Lena Grote (Schülerin), Ulrike Petzold (Journalistin), Claudia Höft (Enkelin von Rudolf Jacobs), Denise Murgia (ANPI Sarzana), Valeria Casagrandi (Dolmetscherin), Dr. Carlo Greppi (Historiker, Turin), stehend: Marco Eggert (Präsident der Deutsch-Italienischen Gesellschaft Bremen), Dr. Christine Stangl (stellvertretende Schulleiterin)

Wenige Tage nach der Enthüllung der Tafel erreicht die Schule eine Mail: Das Liceo »Parentucelli-Arzelà« in Sarzana bringt die Idee einer Schulpartnerschaft ins Gespräch.

Ein gutes halbes Jahr später, Sommer 2023, reisen Schülerinnen und Schüler des »HBG« mit ihren Geschichtslehrerinnen und Bremer Initiatorinnen des Projekts, Christine Stangl und Louisa Lütjen, nach Sarzana. Eine Woche lang sind sie mit den »Ragazzi« des »Liceo« unterwegs auf den Spuren von Rudolf Jacobs in Sarzana und in den Bergen.

Grußbotschaft von Cristina Ponzanelli, Bürgermeisterin von Sarzana

»Über der Eingangstür des Hauses, in dem Rudolf Jacobs zunächst bei den Partisanen gelebt hat, hängt bis heute ein Foto von ihm. ›Il buon tedesco‹ – das hat mich sehr berührt«. *Christine Stangl*

»80 Jahre nach dem Tod von Rudolf Jacobs gemeinsam mit deutschen und italienischen Schülern über die Grausamkeiten der Geschichte zu sprechen und sich anschließend mit einer freundschaftlichen Umarmung zu verabschieden, ist eine unglaublich wertvolle Erfahrung!« *Louisa Lütjen*

»Ich glaube fest daran, dass Schüleraustausch-Projekte wie jetzt das unsrige die einzig mögliche Antwort sind auf die Ausbreitung von Intoleranz und Vorurteilen, von Homophobie, Rassismus und Xenophobie und alle Formen von Fanatismus und vor allem Unwissenheit!« *Ilaraia Casabianca, Lehrerin*

»Unser Projekt zeigt, dass man mit Geschichte Brücken bauen kann zwischen

Oben: Lehrerinnen und Organisatorinnen des Austauschs, von links: Louisa Lütjen, Dr. Christine Stangl

Rechts: Schulpartnerschaft 2023: Die Delegation des HBG in Sarzana

Unten:: Schulpartnerschaft mit dem Gymnasium »Parentucelli-Arzelà«, die Lehrerin Ilaria Casabianca und der Schüler Gilio Badiale

jungen Menschen, deren Länder einst Kriegsgegner waren. Ich hoffe, das ist der Anfang einer lebenslangen Erfahrung.« *Gilio Badiale, Schüler*

Die Jugendlichen besuchen La Spezia mit seinem großen Hafen, sie sind Gäste der Bürgermeisterin im Rathaus, erkunden die schönen Ecken der Stadt, genießen ligurische Pasta-Gerichte, feiern zusammen und verabreden ein baldiges Treffen in Bremen.

Die Partnerschaft verbindet nun zwei Schulen, zwei Städte und zwei Länder. Die Urenkel der ehemaligen Kriegsgegner reichen sich die Hände für eine gemeinsame friedliche Zukunft in Europa, angeregt durch das Beispiel von Rudolf Jacobs, des »Buon Tedesco«. Oder auch von einem »der kleinen Väter Europas« – so nannte ihn Martin Schulz, der frühere Präsident des Europaparlaments.[334]

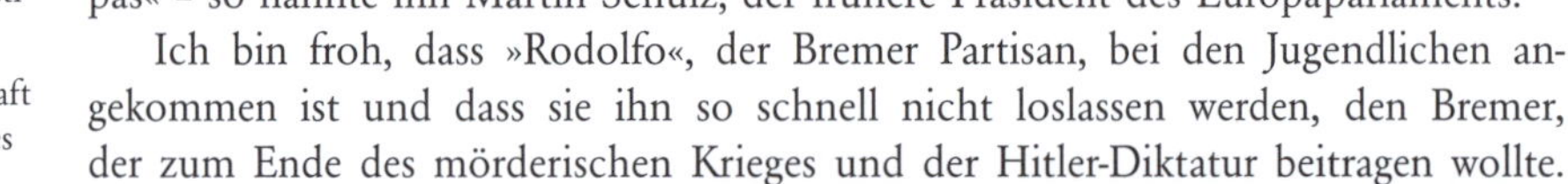

Ich bin froh, dass »Rodolfo«, der Bremer Partisan, bei den Jugendlichen angekommen ist und dass sie ihn so schnell nicht loslassen werden, den Bremer, der zum Ende des mörderischen Krieges und der Hitler-Diktatur beitragen wollte. Er führt uns vor Augen, dass wir immer, auch unter den schwierigsten Umständen, die Freiheit der Entscheidung haben – Ja oder Nein zu sagen!

Anmerkungen

1 »Rudolf Jacobs, Kapitän der Deutschen Marine, Rudolf Jacobs - Il Primo (der Erste) Übersetzung Ulrike Petzold

2 Gerd Meyer, langjähriger Leiter des Bürgerhauses Bremen-Vegesack, 7.4.1946–1.1.2022

3 1955 wird die Tafel dort angebracht auf Vorschlag von Bürgermeister Wilhelm Kaisen.

4 Carlo Greppi, Il Buon Tedesco, Bari-Roma 2021, S. 5

5 Bau der Villen ab 1920, Parkhotel und Lloyd-Bahnhof 1912–1914

6 Peter Kuckuk, Bremen in der Deutschen Revolution 1918/1919, Edition Falkenberg, Rotenburg/Wümme, erweiterte Auflage 2017 (1918), S. 39

7 Seit 1947 Hermann-Böse-Straße

8 Im Jahre 1931 erkrankt Hermann Böse und lässt sich 1933 pensionieren. Im November 1942 wird er verhaftet und im Gefängnis Hamburg-Fuhlsbüttel interniert. Am 15. Juli 1943 wird er schwerkrank entlassen. Zwei Tage später stirbt er.

9 Noch vor der Ausrufung der Bremer Räterepublik wenden sich bremische Vertreter an die Reichsregierung und erbitten militärische Unterstützung gegen die Revolution. Reichstagsmitglied und späterer Reichswehrminister Gustav Noske (SPD) beauftragt die Truppen der »Division Gerstenberg« mit 3000 Mann unter Oberst Gerstenberg am 27. Januar 1919 mit dem Einsatz in Bremen. Örtliche Einheiten wie das Freikorps Caspari verstärken das Corps mit 600 Mann. Am 4. Februar 1919 schlagen sie den November-Aufstand nieder, am 8./9. Februar auch in Bremerhaven.

10 Nach der Wahl einer Nationalversammlung am 9. März 1919 tritt am 18. Mai 1920 eine parlamentarische Verfassung in Kraft. Eine Bremer Nationalversammlung wird am 9. März 1919 gewählt. Diese Verfassung gilt bis 1933.

11 Architekt Jacobs entwirft 1926 den Bachus-Keller, 1927 Postamt 5 und den Columbus-Bahnhof.

12 Die Arbeit wurde erstellt von der Firma Zeidler und Wimmel, s. Strotmann, in: Schwachhausen Magazin für Bremen, 2 und 3/2021, Ausgabe 77, S. 41, Hg. Susanne Lolk, Bremen 2020

13 Viele US-Soldaten schwärmen von Bremen als »GI Paradise«: Der Ratskeller ist das Offizierscasino, das Kommando der US-Besatzung residiert im Haus des Reichs, in der Vahr spielt man Golf. S. https://wkgeschichte.weser-kurier.de/bremen-als-gi-paradise/

14 So berichtet auch der Neffe des Partisanen Rudolf Jacobs, Gerhard Bolten-Jacobs, Architekt in Hamburg und Sohn von Rudolfs Schwester Marie-Luise, im Gespräch mit mir Dezember 2023.

15 Schuljahr 1928/29

16 Gespräch im Dezember 2023

17 Über seinen Abschluss dort gibt es keine Belege mehr in den Archiven der Bremer Hochschulen.

18 Ab 1.10.1935, s. vorläufige Stammrolle Rudolf Jacobs, Bundesarchiv MPH, 30/35 KS

19 Die Wehrpflicht gilt ab dem 1.10.1935.

20 Bei der Minensuchflotte ist Jacobs vom 15.2.1936 bis 30.9.1936, s. Bundesarchiv V/RL (SP) v. 10.2.1995

21 Gerhard Schreiber, Wie war das möglich?, in: La Resistenza, Beiträge zu Faschismus, deutscher Besatzung und dem Widerstand in Italien, Nr. 4, S. 62

22 Lt. Auskunft des Bundesarchivs Berlin vom 7.3.2023 konnten in den personenbezogenen Beständen der NSDAP keine Nachweise über eine NSDAP-Mitgliedschaft von Heinrich Rudolf Jacobs, geb. 4.4.1879, ermittelt werden.

23 Dr. Lutz Klinkhammer, Historiker, stellvertretender Leiter des Deutschen Historischen Instituts Rom, Telefon-Interview Sommer 2023

24 Christoph Schminck-Gustavus, Bremen kaputt, Edition Temmen, Bremen 3. Auflage, 2008, S. 34

25 Baubeginn ist am 25.7.1936.

26 Christoph Schminck-Gustavus, a. a. O., S. 12. Am 26. April 1937 haben deutsche Kampfflugzeuge im Spanischen Bürgerkrieg an der Seite von General Franco der Legion Condor die spanische Kleinstadt Guernica im Baskenland dem Erdboden gleichgemacht. Diese Kriegsverbrechen werden in Bremen durch die Umbenennung der Straßen gewürdigt.

27 Inge Marßolek, René Ott, Bremen im Dritten Reich. Anpassung. Widerstand. Verfolgung. Bremen 1986, S. 175

28 Lt. Auskunft des Hochsegel-Vereins »Wappen zu Bremen« im Januar 2024 ist Jacobs im Mai 1937

sieben Tage auf der »Wappen zu Bremen« beim Burnham-Rennen in England und im August neun Tage bei der Jade-Woche nach Amrum, Borkum und Wilhelmshaven.

29 Zeugnis über die Prüfung zum Sportseefischer vom 14.4.1937, Besitz der Familie Jacobs

30 Der Entwurf stammt aus dem Jahr 1932.

31 Adolf Richtmann, geb. 30.6.1883, der Todestag ist nicht dokumentiert.

32 Die Personalakte Pastor Adolf Richtmann G226.182. Restakte von 1938. Im Archiv der Bremischen Landeskirche befindet sich Teil 2 der Akte von 1938 bis 1967. Teil 1 wurde 1938 an das Kirchenamt Hannover gesandt. 1943 wurde sie bei einem Luftangriff vernichtet.

33 Heinrich Weidemann (1895–1976), der Pfarrer aus Bremke bei Göttingen, ist seit 1933 Mitglied der NSDAP, 1943–1944 Bischof von Bremen. Er gilt als fanatischer Prediger, veruntreut Gelder der Kirche und begeht verschiedene Straftaten. 1944 wird er zu einer Zuchthausstrafe verurteilt, s. Schwarzwälder, a. a. O., S. 551

34 Das NS-»Heimtückegesetz« kriminalisiert kritische Äußerungen, die angeblich das Wohl des Reiches oder der NSDAP schädigen.

35 Die Sowjetische Besatzungszone, SBZ, ist eine der vier Besatzungszonen, in die Nachkriegsdeutschland von den alliierten Siegermächten aufgeteilt wird. Sie besteht von Anfang 1945 bis zum 7. Oktober 1949, der Gründung der DDR.

36 Schreiben vom 12.2.1947, s. Akte Richtmann, a. a. O.

37 Der Oberkirchenrat und Jurist der evangelischen Kirche Hessen und Nassau, Dr. Krüger-Wittmack, schreibt am 18.12.1961: »Bremen ist der Ort, aus dem Pfarrer Richtmann aus politischen Gründen zwangsweise vertrieben wurde, die bremische Kirche (...) hätte daher (...) unbedingt die Pflicht, hier zu helfen.« S. Akte Richtmann, a. a. O.

38 Das Sterbedatum ist unbekannt. Ebd.

39 Gespräch mit Gerhard Bolten-Jacobs im November 2023. Der Architekt Heinrich Rudolph Jacobs verstarb 21.02.1946, s. Standesamt Bremen-Mitte 814/46.

40 Rudolf Jacobs junior starb am 5. Mai 2022.

41 Die Bremer Staatsbauschule besteht 1937–1940. Heute befindet sich dort die Hochschule Bremen, Neustadtwall 30

42 Annegret Wienberg, Das Haus gegenüber, Edition Falkenberg, Bremen 2014, S. 29f

43 s. Dokumente der Witwe Gretchen Böse, Archiv des Hermann-Böse-Gymnasiums

44 Im Krieg fällt der Freimarkt aus, nur 1939 wird er noch einmal als Budenstadt auf dem Domshof ausgerichtet.

45 Das Attentat auf den Legationssekretär Ernst von Rath in Paris am 7.11.1938, verübt von Herschel Grünspan, nutzt die NS-Führung, um ihre Aktionen gegen die Juden im Land extrem zu verschärfen. Bürgermeister Böhncker gibt am 9.11.1938 von München aus, wo er sich bei einem SA-Kameradschaftstreffen aufhält, die Anweisungen per Telefon durch. Bremens SA-Stabchef und Oberführer Werner Rompagel schreibt den entsprechenden Befehl und leitet in Bremen die Pogrome, s. Jörn Brinkhus, Die Novemberpogrome 1938 im Land Bremen, Bremen 2013, S. 15ff

46 Das Lager Sachsenhausen ist das erste KZ, das nach der Machtübernahme eingerichtet wird, vor allem für politische Gegner.

47 Wilhelm Jacobs, der jüngere Bruder von Rudolf, lernt Agrartechniker, er heiratet, hat 3 Töchter, lebt erst in Francop, später in Hamburg. Dort stirbt er am 21.08.2000. Die beiden Brüder haben als Erwachsene keine nähere Verbindung.

48 Der Luftangriff erfolgt am 14. Juli 1940.

49 Auskunft Dr. Jörn Brinkhus, Staatsarchiv Bremen vom 7.11.2023: Es ist nicht bekannt, dass für eine Hochschulimmatrikulation eine NS-Betätigung notwendig war.

50 Der Historiker Dr. Lutz Klinkhammer im Gespräch im Sommer 2023. Carlo Gentile hingegen vertritt die Auffassung, dass ein so früher Parteieintritt wie bei Jacobs eher darauf hinweise, dass der junge Jacobs vom NS-System überzeugt gewesen sei. Gespräch mit Carlo Gentile im Sommer 2023.

51 Auszug am 19.3.1940 aus der Hemmstraße 313, s. Einwohnerkartei Bremen

52 Bombenangriff vom 26.6.1942

53 In Hannover ist er eingeschrieben vom 18.4.–16.7.1940, s. Studienbuch, Familie Jacobs

54 Schwarzwälder, a. a. O., S. 568

55 Überfall auf die Sowjetunion: 22.6.1941. Kriegseintritt der USA: 11.12.1941

56 Jacobs' Vereidigung bei der Kriegsmarine erfolgt am 8.5.1941.

57 Seit dem Westfeldzug 1940 sind diese französischen Gebiete von der deutschen Wehrmacht besetzt.

58 Die Wannseekonferenz findet statt am 20.1.1942.

59 Arbeitslager entstehen in Bremen ab 1942.

60 Schwarzwälder, a. a. O., S. 472f

61 Ebd., S. 536

62 Ebd., S. 455

63 Vom 15.10.1942-15.5.1943 ist Jacobs beim Festungsbau im Elsass eingesetzt. Siehe Auskunft Bundesarchiv Berlin v. 10.02.1995, Ref. V/RL (SP)

64 Jacobs ist vom 20.11.1943 bis zum 29.2.1944 in Hellevoetsluis auf der Insel Voorne eingesetzt, zu der Zeit der größte Kriegshafen in den besetzten Niederlanden. Ebd.

65 Brief: Familie Jacobs

66 1.-23.3.1944 Hamburg Harburg, Festungspionierbataillon 1, Bundesarchiv Berlin vom 10.2.1995, a. a. O.

67 24.3.1944-31.7.1944 abkommandiert nach Festungspionierstab Italien, Lerici. Ab 1.8. 1944 Festungspioniergruppe la Spezia s. Bundesarchiv, Akte MPH N30, 35 KS

68 »Der besondere Einsatz« meint die neue Situation in Italien: Deutschland hat nach der Entmachtung Mussolinis und dem Waffenstillstand mit den Alliierten am 9.9. 1943 Italien besetzt und befindet sich auf dem Rückzug in einem erbitterten Krieg gegen Alliierte, Partisanen und Bevölkerung.

69 Rudolf Jacobs ist erst im Festungspionierstab Italien, Lerici (24.3.-31.7.1944) eingeteilt, dann der Festungspioniergruppe La Spezia (1.8.1944-Anfang Oktober 1944) zugewiesen. Truppenteil M17563 P. s. Bundesarchiv, Dokument V/RL (SP) vom 10.02.1995

70 Auch »Grüne Linie« genannt.

71 Dies gilt später auch für die Stadt Florenz, die von großen Zerstörungen verschont bleibt.

72 Klinkhammer, Lutz, Zwischen Bündnis und Besatzung, Tübingen 1993, S. 467

73 Ebd., S. 468

74 Am 29. April 1945 unterzeichneten die Wehrmachtsoffiziere Oberstleutnant Victor von Schweinitz und SS-Sturmbannführer Eugen Wenner im Auftrag des Oberbefehlshabers der deutschen Heeresgruppe C, Heinrich von Vietinghoff-Scheel, und des höchsten SS- und Polizeiführers in Italien, SS-Obergruppenführer und General der Waffen-SS, Karl Wolff, die bedingungslose Kapitulation.

75 Collage aus: NS-Wochenschau vom 29.3.1944, Deutsches Rundfunkarchiv Nr. 4221799, Länge 6'26 Minuten

76 Viele entwaffnete italienische Soldaten sind nach Hause gegangen, wo sie aufgespürt wurden und zur Zwangsarbeit nach Deutschland deportiert wurden, z. B. in den unterirdischen Waffenschmiede Mittelbau-Dora oder auch zur Minenräumung. 40.000 wurden in Vernichtungslager deportiert, 4.000 kehrten nach dem Krieg zurück. S. Christiane Kohl, Der Himmel war strahlend blau. Vom Wüten der Wehrmacht in Italien, Wien 2004, S. 115ff

77 Lutz Klinkhammer im Gespräch mit mir 7.5.2019.

78 Organisation Todt, die Bauabteilung der Wehrmacht, s. Kapitel 6

79 Generalfeldmarschall Albert Kesselring wird nach der Landung der Alliierten in Italien am 21. November 1943 zum Oberbefehlshaber Südwest und Oberbefehlshaber der Heeresgruppe C ernannt. Erwin Rommel, Generalfeldmarschall, leitet nach Einsätzen in Polen, Frankreich und Afrika nach der Absetzung Mussolinis bis November 1943 die deutsche Besetzung Italiens. Während er die Truppen in Norditalien anführt, ist in Süditalien Albert Kesselring zuständig. Rommel erteilt die Weisung absoluter Härte gegen italienische Soldaten und organisiert die Deportation vieler als »Militärinternierte« zur Zwangsarbeit nach Deutschland. Er begeht Selbstmord nach dem Attentat vom 20. Juli 1944 auf Adolf Hitler.

80 Staron, Joachim, Fosse Ardeatine und Marzabotto: Deutsche Kriegsverbrechen und Resistenza. Geschichte und nationale Mythenbildung in Deutschland und Italien (1944-1999). Schöningh, Paderborn 2002, S. 80

81 Bericht Seekommandantur Italienische Riviera RM 45/V25, Bundesarchiv, Nummern: 6825/13.9.1944: Für La Spezia Hafenverminung vorgesehen. 6839/16.9.1944: Arsenal im Hafen La Spezia gesprengt. 6867/28.9.1944: Hafen Lerici gesprengt. 6871/30.9.1944: Die Hafenanlagen von La

Spezia sollen komplett gesprengt werden. 6889/2.10.1944: Infanterie-Ausbildung der Soldaten angelaufen.

82 Istituto Spezzino per la Storia della Resistenza e dell'Età Contemporanea »Pietro M. Beghi«, ISR Breve Cronologia della IV Zona Operativa, curata da Maria Cristina Mirabello, Übersetzung Ulrike Petzold, https://www.isrlaspezia.it/strumenti/breve-cronologia-della-iv-zona-operativa/

83 S. Carlo Gentile, in: Kerstin von Lingen, Peter Pirker (Hg.), Deserteure der Wehrmacht und der Waffen-SS, Paderborn 2023, S. 2

84 Carlo Gentile, Wehrmacht u. Waffen-SS im Partisanenkrieg Italien 43–45, Paderborn 2012, S. 138

85 Bericht der Seekommandantur, ebd. Nr. 6922

86 Claudio Pavone, Una Guerra Civile, saggio storico sulla moralità nella resistenza, Turin 1991, nach: La Stampa v. 30.11.2016, S. 1f

87 Bundesarchiv, Abteilung Militärarchiv, Freiburg, 45/V 25, Kriegstagebuch des Kommandanten der Seeverteidigung italienischen Riviera, 1.9.–30.11.44, Nr. 6866, 6898, 6983

88 Joachim Staron, a. a. O., S. 35

89 Carlo Gentile, Wehrmacht und Waffen SS, a. a. O., S. 56f.

90 Lutz Klinkhammer im Gespräch mit mir Sommer 2023

91 Squadre d'Azione Patriottica (SAP)

92 Lutz Klinkhammer, Zwischen Bündnis und Besatzung, a. a. O., S. 427ff

93 Lutz Klinkhammer im Gespräch mit mir ebd.

94 Carlo Gentile, a. a. O., S. 141

95 Joachim Staron, a. a. O., S. 34

96 Friedrich Andrae, Auch gegen Frauen und Kinder, München, 2. Auflage 1995, S. 104

97 Carlo Greppi, a. a. O., S. 81

98 Lutz Klinkhammer, zwischen Bündnis und Besatzung, a. a. O., S. 464

99 Ebd., S. 425f

100 Bundesarchiv 45/V 25, Kriegstagebuch des Kommandanten der Seeverteidigung Italienische Riviera, 1.9.–30.11.44 PG-45087-45092, S. 837, Nr. 6855, 6931, 6910

101 Friedrich Andrae, a. a. O., S. 243

102 Lutz Klinkhammer spricht von »Auskämmung zum Arbeitseinsatz«, a. a. O., S. 442

103 Lutz Klinkhammer, ebda S. 460. Insgesamt muss von einer Gesamtzahl von mehr als 3.000 italienischen Häftlingen ausgegangen werden. Mindestens 1.700 davon kommen ums Leben. Von der SS als »Verräter« und von den Mithäftlingen häufig als »Faschisten« angesehen, haben es die Italiener in den Arbeits- und Konzentrationslagern besonders schwer.

104 Deutsche Wochenschau Nr. 733, 1944

105 Lutz Klinkhammer, Zwischen Bündnis und Besatzung, a. a. O., S. 423.

106 Christiane Kohl, a. a. O., S. 11

107 Friedrich Andrae, a. a. O., S. 244

108 Bundesarchiv, Abtl. Militärarchiv, Freiburg, Seekommandantur, a. a. O., Nr. 6810, 6899, 6919, 6967

109 Lutz Klinkhammer, a. a. O., S. 443

110 Bericht Seekommandantur, a. a. O., Nr. 6965

111 Generalfeldmarschall Albert Kesselring, der Oberbefehlshaber Südwest der Heeresgruppe C und der Operationsgebiete Alpenvorland und Adriatisches Küstenland, ist persönlich für mehrere sogenannte »Sühnemaßnahmen« gegen die italienische Zivilbevölkerung verantwortlich. Ab April 1944 leitet er auch die gesamte »Bandenbekämpfung« in den italienischen Operationsgebieten. Er wird nach dem Krieg von einem britischen Militärgericht in Italien als Kriegsverbrecher zum Tode verurteilt und später begnadigt. Er distanziert sich nicht von seinen Taten und seiner bedingungslosen Loyalität zu Adolf Hitler. 1960 stirbt er in Bad Nauheim.

112 Der Führerbefehl richtet sich schon ab 1942 gegen Partisanen in der Sowjetunion und Griechenland.

113 Friedrich Andrae, a. a. O., S. 141

114 Lutz Klinkhammer, a. a. O., S.475, General von Zangen befiehlt dies am 15.6.44 dem kommandierenden General

115 Der Überfall von Partisanen an der Via Rasella in Rom findet am 23. März 1944 statt.

116 Bundespräsident Frank Walter Steinmeier gedenkt am 3.5.2017 gemeinsam mit Präsident Sergio Mattarella der Opfer.

117 Der Sicherheitsdienst wird 1931 unter Leitung von Reinhard Heydrich als Nachrichtendienst der SS und Geheimdienst der NSDAP entwickelt. Er überwacht weltanschauliche Gegner. Nach 1933 übernimmt die Geheime Staatspolizei (Gestapo) einen Teil der Aufgaben. Der SD erstellt geheime Lageberichte, die sogenannten »Meldungen aus dem Reich«. Der Auslandsnachrichtendienst unterstützt Sabotageakte und die Organisation der Ausbeutung annektierter Gebiete.

118 Gustav Adolf Herbert Kappler, 1907–1978, ist während der NS-Besatzung in Italien verantwortlich für das Massaker in den Ardeatinischen Höhlen (Fosse Ardeatine). Am 24. März 1944 wird er 1948 zu lebenslanger Haft verurteilt, erst im Festungsgefängnis von Gaeta, dann in Rom. Legenden ranken sich um seine Flucht aus der Haftanstalt mithilfe seiner Frau. Bis zu seinem Tod lebt er in Soltau. Bei der Beerdigung sind 800 Anhänger anwesend.

119 Lutz Klinkhammer, a. a. O., S. 445

120 Sönke Neitzel, Harald Welzer, Soldaten. Protokolle vom Kämpfen, Töten und Sterben, Frankfurt/M., 2001, S. 118

121 Ebd., S. 120

122 Ebd., S. 128

123 Ebd., S. 129

124 Lutz Klinkhammer, a. a. O., S. 448ff

125 Carlo Gentile nennt neuen Untersuchungen zufolge 12.733 Opfer, Gentile, Carlo, Dem Verbrechen entfliehen, in: Kerstin von Lingen, Peter Pirker (Hg.), Deserteure der Wehrmacht und der Waffen-SS, Paderborn 2023, a. a. O., S 284

126 Carlo Gentile betont, dass die Massaker mit den höchsten Opferzahlen von SS-Einheiten verübt werden: Im Spätsommer 1944 hat allein die 16. SS-Panzerdivision »Heinrich Himmler« unter Führung des SS-Mannes Walter Reder in nur zwei Monaten 2500 italienische Zivilisten ermordet. Die ebenfalls zahlreichen Orte, wo die Wehrmacht im Einsatz ist, verzeichnet geringere Opferzahlen.

127 www.taeter-italien.com

128 Ebd.

129 Procura militare della Repubblica, presso il Tribunale Militare di Roma, Richiesta di rinvio a giudizio, art. 416, 417 c.p.p., 261 c.p.m.p., 130 3 207 D. Lv. 271/89

130 Lutz Klinkhammer, a. a. O., S. 449

131 Ebd., S. 450

132 Staron, a. a. O., S. 21

133 Lutz Klinkhammer, a. a. O., S. 482

134 Ebd., S. 476ff

135 RM 45/V25 Kriegstagebuch des Kommandanten der Seeverteidigung italienische Riviera, 1.9.–30.11.1944 PG/45087-45092

136 Gerd Ueberschär (Hg.), Orte des Grauens, Verbrechen im Zweiten Weltkrieg, Darmstadt 2003

137 Luca Maddrignani, Ognuno muore solo, in: Mirco Carrattieri u. a., Partigiani della Wehrmacht, disertori tedeschi nella Resistenza italiana, Calendasco, 2021, S. 51, Übersetzung Ulrike Petzold

138 Max Simon wurde nach dem Krieg verurteilt, aber bald begnadigt. Helmut Looß gelingt es, unter falscher Identität in Bremen und Lilienthal ein ruhiges Leben als Lehrer zu führen. Als er auffliegt, gelten seine Verbrechen als verjährt.

139 S. Kap. 12 und www.ns-taeter-italien.de

140 Lutz Klinkhammer, a. a. O., S. 485

141 Patrizia Zanasi aus Marzabotto ist Präsidentin von A.N.e.i., der Nationalen Organisation der italienischen Militärinternierten der Region Marzabotto

142 Lehrerin aus Marzabotto

143 Bundesarchiv, Kriegstagebuch 2

144 Lutz Klinkhammer, a. a. O., S. 487

145 70–80.000 Menschen fallen dem Partisanenkrieg zum Opfer. 13.257 Zivilisten werden bei Massakern und Geiselerschießungen getötet, 10.027 durch deutsche Einheiten, die anderen durch italienische Faschisten oder gemischte Verbände. 30.000 Partisanen fallen im Kampf, etwa ebenso viele Italiener verlieren ihr Leben auf der faschistischen Seite. Und auch Tausende deutscher Soldaten sterben im Kampf gegen den italienischen Widerstand. s. Carlo Gentile, Interview DIE ZEIT, Nr. 18 v. 27.4.2023, S. 17

146 Ab 1. August 1944 in der »Marine Festungspioniergruppe La Spezia«

147 Militärarchiv Berlin, PERS 17/SPO-R/26 Teil 2, Reith, Edwin

148 Fabian Lemmes, Zwangsarbeit im besetzten Europa, die Organisation Todt in Frankreich und Italien 1940–1945, in: Andreas Heusler u. a., Rüstung, Kriegswirtschaft und Zwangsarbeit im Dritten Reich, München 2010, S. 220

149 Ebd.

150 Ebd., S. 234

151 Ebd., S. 252

152 Ebd.

153 Die Organisation Todt in Italien, Amedo Osti Guerrazzi (2016) nach: http://lavoroforzato.topografiaperlastoria.org/temi.html?id=6&cap=25&l=de

154 Siehe hierzu auch Kapitel 10.

155 Museo Audiovisivo della Resistenza, Via delle prate 12, 54035 Fosdinovo, didattica@museodellaresistenza.it; info@museodellaresistenza.it. Istituto Spezzino per la Storia della Resistenza e dell'Età Contemporanea »Pietro M. Beghi«, www.isrlaspezia.it Istituto Ligure per la storia della Resistenza e dell'Età contemporanea (ILSREC) l'Archivio di Stato della Spezia; Via Galvani 21 | Località Valdellora | I-19124 La Spezia

156 Associazione Nazionale Partigiani d'Italia, nationale Vereinigung der Partisanen Italiens

157 Squadra di Azione Partigiana, von der KPI gegründete Partisanen-Einheiten

158 Obwohl Hunderte von den Streikenden verhaftet und in Arbeits- und Konzentrationslager nach Deutschland verschleppt werden, hält der Ausstand eine Woche an und legt in Konzernen der Rüstungsindustrie wie Fiat Turin und Pirelli Mailand die Produktion lahm. Aufgerufen zu der Arbeitsniederlegung hat das im September 1943 nach der deutschen Okkupation Nord- und Mittelitaliens von den antifaschistischen Parteien gegründete Nationale Befreiungskomitee (Comitato di Liberazione Nazionale - CLN).

159 Vega »Ivana" Gori e Maria Cristina Mirabello: »Ivana« racconta la sua Resistenza, edizione Ghiaccé La Spezia 2013, S. 56

160 Schanzen: durch Bauarbeiten eine militärische Schanze anlegen

161 Fabian Lemmes, a. a. O., S. 252

162 Il Traditore, RAI 1986, Dokumentation mit vielen Spielfilm-Szenen, unter Beteiligung des Sohnes von Rudolf Jacobs, Jacobs Junior. Regie Ansano Gianarelli

163 Es kommt ab 1944 immer öfter vor, dass die Arbeiter bisweilen wochenlang keine Löhne bekommen, aber zwangsrekrutiert werden. S. Fabian Lemmes, a. a. O., S. 247, Übersetzung Ulrike Petzold

164 Militärarchiv Freiburg, Kriegstagebuch, a. a. O., Nr. 6845 vom 18.9.44

165 Film Il Traditore, a. a. O.

166 Piero Guelfi: s. Kapitel 8

167 Hamburg wird seit dem 25. Juli 1944 bombardiert

168 Generalfeldmarschall Friedrich Paulus kapituliert am 31. Januar 1943

169 Genua ist gut 110 Kilometer Richtung Westen von La Spezia entfernt

170 Carlo Gentile, 2024 Online-Projekt »Die Massaker im besetzten Italien (1943–45) in der Erinnerung der Täter«. https://www.ns-taeter-italien.org/de/massaker/massaker-am-turchino-pass

171 Ebd., Engel ist Befehlshaber der Sicherheitspolizei und des SD in Genua. Das Landgericht Hamburg verurteilt den 93-jährigen Engel im Juli 2002 zu sieben Jahren Haft. Im Juni 2004 hebt der Bundesgerichtshof das Urteil gegen den mittlerweile 95-jährigen Engel auf dessen Revision hin auf, weil das Mordmerkmal der Grausamkeit nicht ausreichend bewiesen sei. Zugleich stellt der 5. Strafsenat das Verfahren ein, weil das hohe Alter des Angeklagten einen erneuten Prozess nicht zulasse. Engel stirbt im Februar 2006 in Hamburg.

172 Ebf. https://www.ns-taeter-italien.org/de/massaker/santanna-di-stazzema

173 Info zu Walter Reder s. Kapitel 5

174 S. auch Kap. 12

175 Zitat aus dem Film »Il Tradimento«. RAI 1986, a. a. O.

176 Piero Galantini, im Film »Il Tradimento«, Übersetzung Ulrike Petzold

177 Militärarchiv Berlin, 30-35/KS. Carlo Gentile bestätigt dies im Gespräch mit mir im Sommer 2023, auch Lutz Klinkhammer verweist auf die deutschen Archive, wo als letzter Rang der des Marinestabsobergefreiten geführt wird. S. dazu auch Kapitel 10.

178 Carlo Greppi hat versucht, die Identität dieses »Adjutanten« oder Begleiters herauszufinden, sie

klärt sich letztlich nicht ganz, Carlo Greppi, Il Buon Tedesco, a. a. O., s. auch Kap. 9.

179 Bundesarchiv, Abteilung Militärarchiv, Berichte der Seekommandantur, a. a. O., Nr. 6991 vom 20.10.1944, Nr. 6965 vom 21.10.1944.

180 Stella Corsi: 1913–2015.

181 Video »Le donne di Pitelli«, 1.9.2013: La terra la guerra - una questione privata. Donne di Patelli raccontano. https://www.youtube.com/watch?v=a0iNXBG31kA. https://www.cittadellaspezia.com/2013/09/01/ne-fa-cento-stella-corsi-la-partigiana-che-nascose-rudolf-jacobs-141123/ Siehe auch: Carlo Greppi, a. a. O., S. 73f, S. 203

182 Ebd., E-Mail von Federico Barli, dem Neffen von Stella, am 29.10.2023, Übersetzung Ulrike Petzold

183 Lorenzo Vincenzi, Rudolf Jacobs, Le radici della democrazia europea, Sarzana 2004, S. 26

184 Siehe Kapitel 11

185 Die Associazione Nazionale Partigiani d'Italia ANPI, die »Nationale Vereinigung der Partisanen Italiens« wird 1944 in Rom von Mitgliedern der Resistenza gegründet. Die im ANPI vereinigten Brigaden kämpfen 1943–1945 vor allem im Norden und der Mitte Italiens gegen die deutsche Besatzung und die italienischen Faschisten. Seit dem Ende des Krieges setzt sich ANPI für die Erinnerung und das Gedenken an die Partisanen ein, an den Krieg und die Verbrechen der Wehrmacht und unterstützt die Familien der Partisanen. Seit 2006 ist die Organisation offen für alle, die ihren antifaschistischen Grundsätzen zustimmen. Seitdem haben sich viele junge Menschen dem Verein angeschlossen, der 2019 über 120.000 Mitglieder zählt und Aktivitäten durchführt wie Veranstaltungen, Wanderungen auf den Spuren der Resistenza, Schulbesuche usw.

186 S. Kap. 7

187 Piero Galantini, il Partigaiano Tedesco, a. a. O., S. 43f

188 Piero Galantini im Brief an Melchiorre Vanni, »Tullio«, https://www.isrlaspezia.it/strumenti/lessico-della-resistenza/battaglione-m-vanni/ Ulrike Petzold liegt eine Kopie des Briefes vor.

189 Mirco Carrattieri, Iara Meloni (Hg.), Partigiani della Wehrmacht, disertori tedeschi nella Resistenza italiana, Calendasco, 2021, S. 48

190 Das Militärfahrzeug wird an dieser Stelle vermutlich zurückgelassen.

191 Piero Galantini, Brief an Tullio, a. a. O., S. 1.

192 In den italienischen Quellen wird er meist »Paul« genannt und »attendente«, Adjutant. Seine Rolle im weiteren Verlauf der Geschichte bleibt unklar. Seine Spuren verlieren sich nach dem Überfall am 3.11.44 in Sarzana. Carlo Greppi dokumentiert zahlreiche Ansätze zur Klärung seiner Identität, in Greppi, il Buon Tedesco, Torino 2021, S. 147, S. 164, S. 172ff, S. 192ff.

193 Piero Galantini, a. a. O., S. 44

194 http://www.isrlaspezia.it/strumenti/lessico-della-resistenza/brigata-garibaldi-u-muccini/ und Carlo Greppi, a. a. O., S. 107

195 So stellt es der Film »Il Tradimento« dar. RAI 1984, Regie: Ansano Gianarelli, Mitarbeit von Rudolf Jacobs junior, dem Sohn des Partisanen Jacobs

196 Carattieri u. a., a. a. O., S. 26

197 Francesco Corniani, »Sarete accolti con il massimo rispetto«: disertori dell'esercito tedesco in Italia (1943–1945) (units.it). S. 187f, S. 208–238

198 Roberto Battaglia, Der italienische Widerstandskampf 1943–1945, Berlin 1970, italienische Originalausgabe: Breve storia della Resistenza italiana, editori riuniti 1964

199 Francesco Corniani, a. a. O., S. 88f

200 Ders., Deserteure der Wehrmacht in Italien, in Kerstin von Lingen, Peter Pirker (Hg.), a. a. O., S. 84

201 Ihre Zeugenaussagen waren später für die Ermittlung von Tätern sehr wichtig, s. Carlo Gentile, Dem Verbrechen entfliehen, Aussagen junger Wehrmachts- und SS-Deserteure in Kriegsverbrecherprozessen der Nachkriegszeit, in: Lingen, Pirker (Hg.), a. a. O., S. 283

202 Carrattieri u. a., a. a. O., S. 26

203 Hierbei sind nicht mitgezählt die 14. Armee, Marine und Luftwaffe, Francesco Corniani, Vortrag: Wehrmachtsdeserteure – neue Forschungen zu Entziehungsformen, Solidarität, Verfolgung und (digitaler) Gedächtnisbildung, Universität Innsbruck, 16.–18.9.2021 https://www.youtube.com/watch?v=SSDUkjvE1e8

204 Carlo Greppi, a. a. O., S. 126f

205 Francesco Corniani, a. a. O., S. 91

206 Carlo Gentile u. a., online-Portal a. a. O., www.ns-taeter-italien.com

207 Lutz Klinkhammer im Radio Feature von Ulrike Petzold »Comandante Rodolfo, der Partisan aus Bremen, Radio Bremen Zwei, 2019: https://www.bremenzwei.de/audios/deserteur-100.html.

208 Carlo Gentile im Gespräch mit Ulrike Petzold Sommer 2023

209 Mirco Carattieri, a.a.O, S. 44

210 Eine Kopie des Berichts über Jacobs ist im »Istituto Storico della Resistenza« in La Spezia archiviert. Titel: Articolo di Federico (P. Galantini) su Rudolf Jacobs s. d., ma 1945, in AISR, Fondo II, Attività Militare Bis, Serie 16, f. 619P. Das Archiv hat die Texte von Federico Galantini, dem Sohn des Comandante, erhalten. S.a. der Überblick von Giorgio Pagano, geb. 18. August 1954, ehemaliger Bürgermeister von La Spezia (1997-2007) https://www.patriaindipendente.it/idee/gli-speciali-di-patria/speciale-quei-disertori-del-reich-nel-vento-del-nord/

211 Andrea Ranieri, Mio babbo partigiano. Patriota senza nazione, Castelvecchi Roma 2020, S. 25, Übersetzung Ulrike Petzold

212 Archiv »Partigiani d'Italia«, Dokument: Caduto, combattimento, 1944-11-03, Sarzana, dal 1944 ago. 1 al 1944 nov. 3SP https://partigianiditalia.cultura.gov.it/persona/?id=5bf7bf764d23521804 9f3470

213 Lorenzo Vincenzi, in: Rudolf Jacobs, le radici della democrazia europea, a. a. O. Der Historiker Vinzenzi ist ab September 2010 Präsident des »Istituto Spezzino per la Storia della Resistenza e dell'età contemporanea«. Er stirbt im Januar 2021.

214 Piero Galantini, Brief an Tullio, a. a. O., S. 2

215 Piero Galantini, il Partigiano Tedesco Rudolf Jacobs, a. a. O., S, 44

216 Alfred Andersch, Die Kirschen der Freiheit, Diogenes, Zürich 1968 (Erstausgabe 1952), S. 126

217 Der Name ist der Autorin bekannt, der Protagonist möchte nicht namentlich im Buch erwähnt werden.

218 Piero Guelfi, 1927-2023

219 Heike Demmel: Anita Malavasi-Zeitzeugnisse: »Einen Strich für jedes Militärfahrzeug«, in: Verein zur Förderung alternativer Medien (Hg.), La Resistenza, Beiträge zu Faschismus, deutscher Besatzung und dem Widerstand in Italien (3), Erlangen 2006, S. 16f

220 Besuch bei Signora Quadrieri gemeinsam mit Matthias Durchfeld, Leiter des Geschichtsinstituts für antifaschistischen Widerstand Istoreco, Via Dante Alighieri 11, 42121 Reggio Emilia, Sommer 2019. www.istoreco.re.it

221 Giovanna Quadrieri stirbt, 93-jährig, am 27. Januar 2022.

222 Lamberto Furno, Il drago e il sagro, Lucarini edizione, Rom 1985

223 Ebd., S. 123f

224 Lamberto Furno, ebd, S. 28ff

225 s. Kapitel 5

226 Luca Madrignani, in Carrattieri, a. a. O., 52 ff

227 Carlo Greppi, a. a. O., S. 108

228 Lorenzo Vincenzi, a. a. O., S. 29

229 Ebd., S. 30

230 Ebd., S. 119f. Die Aktion fand am 17. oder 18.10.1944 statt.

231 Lorenzo Vincenzi, a. a. O., S. 30

232 Carlo Greppi, a. a. O., S. 119

233 Ebd., auch: Lorenzo Vincenzi, a. a. O., S. 30

234 Maria Cristina Mirabello ist Dozentin an den höheren Schulen von La Spezia und Vizepräsidentin des »Istituto Spezzino per la Storia della Resistenza e dell'Età Contemporanea« ISR.

235 Vega »Ivana« Gori und Maria Cristina Marabello, »Ivana« raconta la sua resistenza, una ragazza nel cuore della rete clandestine. Edizioni Giacché, La Spezia, 2013

236 Ebd., S. 55

237 Carlo Greppi, a. a. O., S. 115

238 Am 13. September. 2023 stirbt Piero Guelfi, 96-jährig. Die Tageszeitung »Città della Spezia« würdigt ihn als Menschen, der die Erinnerung an Krieg und Befreiung sein Leben lang wachgehalten hat: ANPI Sarzana gedenkt ihres »Danilo«, des jüngsten Partisans. Seine Partei, der Partito Democratico, bedankt sich für seinen lebenslangen Einsatz für die demokratische und zivile Gesellschaft.

239 Villa Laurina. Paolino Ranieri ist Bürgermeister von 1946 bis 1971. Als seine Verdienste werden

genannt: Wiederaufbau der Stadt und wirtschaftliche Entwicklung, außerdem sein Einsatz für die Erinnerung an Krieg, Besatzung und Verbrechen des »Nazifacismo«. Er stirbt am 3. Juni 2010.

240 Carlo Greppi, a. a. O., S. 119

241 Piero Galantini im Gespräch mit Paolino Ranieri, Abschrift des Gesprächs, S. 8f, als print und Audio archiviert im »Museo Audiovisivo della Resistenza delle Province die Massa Carrara e la Spezia«, Fosdinovo. Das Museum geht auf die Initiative von Paolino Ranieri zurück.

242 Lamberto Furno, a. a. O., S. 123 f.

243 Piero Galantini im Interview, a. a. O., S. 8

244 Carlo Greppi, a. a. O., S. S. 97

245 Ebd., S. 131

246 Lamberto Furno, a. a. O., S. 123ff

247 Ebd.

248 So könnte es sich bei dem Deserteur an der Seite Rudolfs auch um einen Kurt Buble gehandelt haben, s. Carlo Greppi, S. 192ff. Dieser Name erscheint auf der Rückseite des Ehrengrabs auf dem Friedhof von Sarzana. (Ebd., S. 172)

249 Lorenzo Vincenzi, Un Resistente Tedesco in Italia, a. a. O., S. 19

250 Ebd., S. 20, Übersetzung: Ulrike Petzold

251 Certificato di morte di Rudolf Jacobs, Archivio storico della Citta die Sarzana, ufficio di stato civile registro degli atti di morte, anno 1945, s. Carlo Greppi, a. a. O., S. 237, Anmerkung 48

252 Bundesarchiv Freiburg, Kriegstagebuch a. a. O., 1.9.-30.11.1944, PG45087-45092, S. 902, Eintrag 3.11.1944

253 Video »Le donne di Pitelli« vom 1.9.2013: La terra, la guerra, una questione privata. Donne di Pitelli raccontano. https://www.youtube.com/watch?v=a0iNXBG31kA https://www.cittadellaspezia.com/2013/09/01/ne-fa-cento-stella-corsi-la-partigiana-che-nascose-rudolf-jacobs-141123/. Übersetzung: Ulrike Petzold

254 Lorenzo Vincenzi, a. a. O., S. 20. Im Film »Il Tradimento« erinnert sich der Partisan Libero Neri, dass die Faschisten der Schwarzen Brigaden als erste zu den Waffen gegriffen hätten, weil sie die Falle gewittert hätten. So weichen die Erinnerungen und Berichte in etlichen Details voneinander ab.

255 Vanda Bianchi, 1926-2014

256 Das Attentat auf Adolf Hitler vom 20. Juli 1944 ist der bedeutendste Umsturzversuch des militärischen Widerstandes in der Zeit des Nationalsozialismus.

257 Lutz Klinkhammer im Gespräch mit mir 2019

258 Es handelt sich um Primo Battistini, Tarnname »Tullio«, Comandante der Brigade Melchiorre Vanni. S. https://www.isrlaspezia.it/strumenti/lessico-della-resistenza/battaglione-m-vanni/

259 Ebd., S. 3

260 Lutz Klinkhammer betont, dass gerade in der Marine die Vorgesetzten überwiegend stramme Hardliner waren. Auch das könnte Jacobs zusätzlich angetrieben haben, seine Einheit zu verlassen. Gespräch im Sommer 2023

261 Brief an Tullio, a. a. O., S. 3

262 Siegfried Lenz, Der Überläufer, Hamburg 2016, S. 135-138. Geschrieben hat Lenz den Roman bald nach dem Krieg, aber es fand sich bis 2016 kein Verlag, der das Manuskript drucken wollte. S. auch Kapitel 11

263 Piero Galantini, Rudolf Jacobs, Il partigiano tedesco, a.a.O, S. 44

264 Lorenzo Vincenzi, a. a. O., S. 36, Übersetzung Ulrike Petzold. Carlo Greppi spricht Jacobs direkt an: »In einer Welt, in der der blinde Gehorsam gegenüber dem eigenen Land Millionen deiner Mitbürger in den Abgrund der Schuld und der Mittäterschaft gezogen hat, hast du wie viele andere geschossen, um zu versuchen, das Inferno aufzuhalten und eine Umkehr zu finden, und das ist diese Art der Liebe zum eigenen Land, die du nicht verloren hast.« (Übersetzung Ulrike Petzold, Carlo Greppi, a. a. O., S. 148)

265 Lorenzo Vincenzi, a. a. O., S. S. 38

266 Lutz Klinkhammer Radio Bremen-Feature »Comandante Rodolfo", a. a. O.

267 Luigi Monardo Faccini, l'uomo che nacque morendo, Lerici 2005, S. 234, »Der Mann, der sterbend geboren wurde«. Übersetzung Ulrike Petzold

268 Laut Carlo Gentile gab es nach der Niederlage von Stalingrad die Möglichkeit, Offizierslehrgänge

zu absolvieren, weil man Nachschub brauchte, aber auch für diese Option finden sich keinerlei Hinweise.

269 Die Doku-Fiction »Il Tradimento«, hier schon öfter erwähnt, spielt auch mit dieser möglichen Version. Dort lässt das Drehbuch den Darsteller von Jacobs sagen, er sei ein Marineoffizier, »degradato al caporalmaggiore«, also »degradiert zum Obergefreiten« - aber das ist Fiktion.

270 Lutz Klinkhammer im Gespräch mit mir im Frühjahr 2023

271 Gräberkartei vom 15.6.1956, Bundesarchiv, Militärakte N30/35 KS

272 Marinestammrolle Bundesarchiv Berlin, Militärarchivakte, ebd.

273 Gespräch im Sommer 2023, Köln

274 Ebd.

275 Matthias Brieger, Psychotherapeut und Journalist, weitet dieses aus auf alle, die der Wehrmacht den Rücken gekehrt haben in dem schmutzigen Krieg in Italien. Er schreibt: »Jeder, der sich dem Unrecht dieses Krieges verweigerte, verdient auf seine Art Anerkennung, ob er sich einem militärischen Himmelfahrtskommando verweigerte oder sich zum Kampf gegen den Faschismus entschloss.« Matthias Brieger, Wehrmachtsdeserteure in der Resistenza, UTOPIE kreativ, Heft 175 (Mai 2005), S. 434

276 Herta Jacobs, geb. Jacke: 18.11.1913-23.9.2004

277 Vor dem Gedenkstein für Rudolf liegt ein zweiter für seinen Bruder Wilhelm: 14.2.1939-21.8.2000

278 Nach dem Krieg zieht auch Schwager Wilhelm mit Frau und drei Töchtern auf den Hof. (Gespräch mit dessen Tochter Sabine Jacobs am 4. Januar 2024)

279 Von der Entdeckung dieses Briefes berichtet der Autor und Regisseur Luigi Monardo Faccini am Ende seines Romans »l'uomo che nacque morendo«. Er sei im Archiv von Lerici dokumentiert. Recherchen vor Ort nach diesem Brief bleiben ergebnislos. Das Antwortschreiben ist in den Unterlagen der Familie Jacobs nicht vorhanden.

280 Bundesarchiv cfr Barch B 563-1 Kartei/J-422/14

281 Ebd.

282 Telefongespräche 2023 und 2024. Bolten-Jacobs ist Architekt in Hamburg, seine Mutter ist Rudolf Jacobs Schwester Marieluise

283 Paolino Ranieri, Bürgermeister in Sarzana von 1946-1971, verstorben 2010

284 Der Briefwechsel befindet sich im Familienbesitz Jacobs/Höft.

285 Die silberne Tapferkeitsmedaille des italienischen Staates und des Verteidigungsministeriums vom 10.12.1971

286 Sabine Jeffries-Jacobs, die Nichte des Partisanen, wohnhaft in Wales. Gespräch am 4. Januar 2024

287 Wolfram Wette, Detlef Vogel, Hg., Berlin 2007, das letzte Tabu, S. 58 Diese Haltung ist z.B. eindrücklich ablesbar an den Diffamierungen, die der Sozialdemokrat Willi Brandt erdulden musste. Er hat als Emigrant in Norwegen, Spanien und Schweden den Nationalsozialismus bekämpft. Als er 1961 erstmals als Kanzlerkandidat der SPD antritt, ist er Schmähungen als Vaterlandsverräter, Feigling und sogar als uneheliches Kind ausgesetzt. Franz Josef Strauß (CSU), 1961 Verteidigungsminister, fragt ihn öffentlich: »Was haben sie zwölf Jahre lang draußen gemacht? Wir wissen, was wir gemacht haben.«

288 S. auch Kap. 9

289 Hans Karl Filbinger, CDU, 5.9.1913-1.4.2007. Ministerpräsident Baden-Württembergs 1966-1978

290 Zum Beispiel der Soldat Walter Gröger, der nach Norwegen geflüchtet ist. Filbinger wandelt acht Wochen vor Kriegsende seine Zuchthausstrafe in ein Todesurteil um und drängt auf Vollstreckung. Am 16. März 1945 wird der 22-jährige Gröger in der Osloer Festung Akerhus von einem Exekutionskommando erschossen. Sein Verteidiger wird nicht informiert, die Familie nicht über den Todesgrund informiert. Sogar nach dem Krieg hat Filbinger gegen den Soldaten Kurt Petzold am 29.5.45 ein Urteil wegen Wehrkraftzersetzung erlassen. S. Jaqueline Roussety, Der Politiker Hans K. Filbinger und der Soldat Walter Gröger, in: Joachim Perels, Wolfram Wette, Hg., Mit reinem Gewissen, Berlin 2011, S. 98ff

291 Ebd., S. 102

292 Wolfram Wette, Deserteure der Wehrmacht rehabilitiert, in: Zeitschrift für Geschichtswissenschaft, 52. Jg., 2004, Heft 6, S. 508

293 Seit 1993 Bündnis 90/Die Grünen

294 S. Wolfram Wette, Vogel, Hg., das letzte Tabu, Berlin 2007, Vorwort Manfred Messerschmidt, S. 9ff

295 Die Verordnung über das Sonderstrafrecht im Kriege und bei besonderem Einsatz, kurz Kriegssonderstrafrechtsverordnung (KSSVO), wird am 17. August 1938 vom Chef des Oberkommandos der Wehrmacht (OKW) Wilhelm Keitel und dem »Führer und Reichskanzler« Adolf Hitler erlassen. Bereits im Mai 1934 liegt ein Entwurf vor, der Sondertatbestände wie die »Zersetzung der Wehrkraft«, Spionage, Fahnenflucht oder »Freischärlerei« einführt und dafür die Todesstrafe festlegt.

296 Wolfram Wette, Deserteure der Wehrmacht rehabilitiert, a. a. O., S. 512

297 Ebd., S. 513. 1990 wird in Bremen die Bundesvereinigung »Opfer der NS-Militärjustiz« gegründet. Initiator und Vorsitzender ist Ludwig Baumann, 1921-2018

298 Wolfram Wette, a. a. O., S. 519. Die Ausstellung war von 1995 bis 1999 und von 2001 bis 2004 zu sehen. Die erste hat den Titel »Vernichtungskrieg. Verbrechen der Wehrmacht 1941 bis 1944«, die zweite, von einigen Fehlern bereinigte Fassung »Verbrechen der Wehrmacht. Dimensionen des Vernichtungskrieges 1941-1944«. Beide machen die Verbrechen der Wehrmacht in der Zeit des Nationalsozialismus, vor allem im Krieg gegen die Sowjetunion, einer breiten Öffentlichkeit bekannt und lösen Kontroversen dazu aus. In Bremen wird sie im März 1995 in der Unteren Rathaushalle gezeigt. Polen, Weißrussland und die Sowjetunion stehen in dieser Ausstellung im Fokus, die Verbrechen in Italien werden nicht berücksichtigt.

299 Die Aufhebung der Urteile erfolgt am 28. Mai 1998.

300 Wolfram Wette, Deserteure der Wehrmacht rehabilitiert, a. a. O., S. 522

301 Die Aufhebung der Urteile gegen Deserteure erfolgt am 17. Mai 2002.

302 Wolfram Wette, a. a. O., S. 526

303 Otto Schily spricht am 12. August 2004 in Sant'Anna di Stazzema.

304 Christiane Kohl, a. a. O., S. 13

305 Die Rehabilitierung der »Kriegsverräter« erfolgt am 8. September 2009.

306 Bundesarchiv, Auskunft v. 10.2.1995, Referat V RL (SP), Gericke

307 Bundesarchiv, Akte30/35KS, Gräberkartei 101295

308 Einweihung des Mahnmals am 28. November 1954

309 Gespräch Hamburg-Rosengarten, Sommer 2021

310 Film »Il Traditore«, a. a. O., und Gespräch mit Simonetta Lupi in Pugliola, Sommer 2022

311 Claudia Höft, geborene Jacobs, geb. 2.8.1962, ist Pädagogin und lebt in Hamburg-Rosengarten

312 Matthias Rüb, Italiens Fest der Zwietracht, in FAZ 23.4.2024, S. 8

313 Die Dörfer zählen heute zur Gemeinde Fiffizano in den apuanischen Alpen.

314 https://www.ns-taeter-italien.org/de/massaker/s. auch Kapitel 6

315 Gespräch mit Udo Sürer am 24.1.24

316 Im Film »Il nome del padre«, 2018, wird die Geschichte von Terenzo und Sürer erzählt. Mit Udo Sürer, dem Historiker Paolo Pezzini und dem Militär-Staatsanwalt Marco de Paolis, Regie Daniele Ceccarini.

317 2023 hat er mit seinem Team ein umfangreiches Onlineportal über die Lebensläufe der NS-Täter im Krieg in Italien und in der Nachkriegszeit vorgelegt. Es geht um die Verantwortlichen für die Massaker gegen die Zivilisten in Italien, ganz oft verübt in Rudolf Jacobs' Region.

318 Herbert Kappler, 1907-1978

319 Siehe Kapitel 5

320 Joachim Staron, a. a. O., S. 236

321 Erich Priebke, 1913-2013

322 Marco de Paolis, geboren 1959 in Monza, arbeitet als Militär-Staatsanwalt zunächst am Militärgericht La Spezia, dann am römischen Militärgericht. Autor zahlreicher Bücher, u. a.: Caccia ai nazisti, Rizzoli, Mailand 2023, ein Bericht über seine jahrzehntelangen Ermittlungen.

323 https://www.kontextwochenzeitung.de/gesellschaft/530/sant-anna-7513.html

324 Helmut Looß, geboren 31.5.1910 in Eisenach, gestorben 25.11.1988 in Lilienthal bei Bremen. https://www.ns-taeter-italien.org/de/taeter/helmut-looss

325 Ebd.

326 Hans Koschnick (SPD), 1929-2016. Er ist 1967-1985 Präsident des Bremer Senats und Bremer Bürgermeister und 1987-1994 Bundestagsabgeordneter. 1994-1996 ist er EU-Administrator von Mostar in Bosnien und Herzegowina.

327 Die Ausstellung »Ein Sohn unserer Stadt« wird am 9. Februar 1990 eröffnet

328 Brücken bauen. Es sprechen: Schulsenatorin Sascha Aulepp (SPD), Schulleiterin Sabine Müller, Claudia Höft, die Enkelin von Rudolf Jacobs, die Abiturientinnen Fanny Bierwirth und Lena Grote.

329 Cees Nooteboom, Nachts kommen die Füchse, Frankfurt 2009, S. 83

330 Die Bürgermeisterin von Sarzana, Cristina Ponzanella, in ihrer Video-Grußbotschaft am 3.11.2022 im Hermann-Böse-Gymnasium

331 Die Rednerinnen und Redner: Dr. Christine Stangl, stellvertretende Schulleiterin, Geschichtslehrerin und Gastgeberin der Veranstaltung; Marco Eggert, Präsident der Deutsch-Italienischen Gesellschaft Bremen und Mitveranstalter; Denise Murgia, Vorsitzende der Partisanen-Organisation ANPI Sarzana; Dr. Carlo Greppi, Historiker aus Turin und Autor des Buches »Il Buon Tedesco«; Ekkehard Bohne, Friedenschule Bremen-Vegesack.

332 Dr. Dieter Thomä, Warum Demokratien Helden brauchen. Plädoyer für einen zeitgemäßen Heroismus, Berlin 2019

333 Gespräch mit Dr. Dieter Thomä Frühjahr 2024

334 Martin Schulz am 28.3.2007 in Brüssel bei der Vorstellung des Romans über Rudolf Jacobs »L'uomo che nacque morendo« von Luigi Faccini. Die damalige Bremer EU-Abgeordnete Karin Jöns sagt dort, seine Botschaft und die anderer »Nein«-Sager müsse weitergetragen werden an die nächste Generation. Nur so werden wir gemeinsam immer Ja zu Frieden und Nein zu Rassismus sagen.« S. Weserkurier vom 29.3.2007, S. 10

Literaturnachweis

Andrae, Friedrich, Auch gegen Frauen und Kinder. Der Krieg der deutschen Wehrmacht gegen die Zivilbevölkerung in Italien 1943-1945, München 1995

Battaglia, Roberto, Der italienische Widerstandskampf 1943 bis 1945, Berlin 1970,

Ders., Deutsche Partisanen in der italienischen Widerstandsbewegung, in: Internationale Hefte der Widerstandsbewegung 2, (1960), Heft 4, S. 73 in Pugliola*82*

Brieger, Matthias, Wehrmachtsdeserteure in der Resistenza, Utopie kreativ, Heft 175 (Mai 2005)

Brinkhus Jörn, Die Novemberpogrome 1938 im Land Bremen, Bremen 2013

Carrattieri, Mirco, Meloni, Iara (Hg.), Partigiani della Wehrmacht. Disertori tedeschi nella Resistenza italiana, Calendasco 2021

Corneließen, Christoph, Pezzino, Paolo (Hg.), Historikerkommissionen und historische Konfliktbewältigung, Berlin/Boston 2018

Ders., Klinkhammer, Lutz, Schwentker, Wolfgang (Hg.) Erinnerungskulturen. Deutschland, Italien und Japan seit 1945, Frankfurt/Main 2003

Corniani, Francesco, Deserteure der Wehrmacht in Italien, 1943-1945, in: Kerstin von Lingen, Peter Pirker (Hg.), Deserteure der Wehrmacht und der Waffen-SS, Paderborn 2023

Ders., »Sarete accolti con il massimo rispetto«: disertori dell'esercito tedesco in Italia (1943-1945), Università degli Studi di Trieste, a. a. 2016-2017, p. 187. Waffen-SS, Paderborn 2023, S. 81-96

Ders., Vortrag: Wehrmachtsdeserteure - neue Forschungen zu Entziehungsformen, Solidarität, Verfolgung und (digitaler) Gedächtnisbildung, Universität Innsbruck, 16.-18.9.2021, https://www.youtube.com/watch?v=SSDUkjvE1e8

Demmel, Heike: Anita Malavasi-Zeitzeugnisse: »Einen Strich für jedes Militärfahrzeug«, in: Verein zur Förderung alternativer Medien (Hg.), La Resistenza, Beiträge zu Faschismus, deutscher Besatzung und dem Widerstand in Italien (3), Erlangen 2006, S. 16f

Feldbauer, Gerhard, Die Resistenza. Italien im Zweiten Weltkrieg, Köln 2016

Frei, Norbert, Transnationale Vergangenheitspolitik. Der Umgang mit deutschen Kriegsverbrechern in Europa nach dem Zweiten Weltkrieg, Göttingen 2006

Gentile, Carlo, Wehrmacht und Waffen-SS im Partisanenkrieg Italien 43-45, Paderborn 2012

Ders., Dem Verbrechen entfliehen. Aussagen junger Wehrmachts- und SS-Deserteure in Kriegsverbrecherprozessen der Nachkriegszeit, in: Kerstin von Lingen, Peter Pirker (Hg.), Deserteure der Wehrmacht und der Waffen-SS, Paderborn 2023, S. 284-290

Ders: Marzabotto, in: Gerd R. Ueberschär u. a., Orte des Grauens. Verbrechen im Zweiten Weltkrieg. Darmstadt 2003, S. 136-146

Ders. u. a., Online-Projekt: Die Erinnerung der Täter. NS-Massaker im besetzten Italien (1943-1945), https://www.ns-taeter-italien.org/de/

Gori, Vega »Ivana«, Miarabello, Maria Cristina, »Ivana« racconta la sua Resistenza. Una ragazza nel cuore della rete clandestine, La Spezia 2013

Guerazzi, Amadeo Osti, Die Organisation Todt in Italien (2016), http://lavoroforzato.topografiaperlastoria.org/temi.html?id=6&cap=25&l=de

Haase, Norbert, Gerhard Paul (Hg.): Die anderen Soldaten. Wehrkraftzersetzung, Gehorsamsverweigerung und Fahnenflucht im Zweiten Weltkrieg, Fischer, Frankfurt a. M. 1995

Heusler, Andreas u. a., Rüstung, Kriegswirtschaft und Zwangsarbeit im Dritten Reich, München 2010

Klinkhammer, Lutz, Guerrazzi, Amedeo Osti, Schlemmer, Thomas, Die Achse im Krieg. Politik, Ideologie und Kriegsführung 1939-1945, Paderborn 2010

Ders., Zwischen Bündnis und Besatzung. Das nationalsozialistische Deutschland und die Republik von Salò 1943-1945, Tübingen 1993

Ders., Stragi naziste in Italia 1943-1944. Nuova edizione con un saggio sulla storiografia della guerra contro i civili, Donzelli, Rom 2006 (erste Ausgabe: Stragi naziste in Italia. La guerra contro i civili 1943/44. Donzelli, Rom 1997)

Krautkrämer, Elmar, Generalfeldmarschall Albert Kesselring, in: Ueberschär, Gerd R., Hitlers militärische Elite, Darmstadt 2011, Erste Auflage 1998

Kohl, Christiane, Der Himmel war strahlend blau. Vom Wüten der Wehrmacht in Italien, Wien 2004

Dies., Villa Paradiso, Als der Krieg in die Toskana kam, München 2002

Lemmes, Fabian, Zwangsarbeit im besetzten Europa. Die Organisation Todt in Frankreich und Italien 1940-1945, in: Andreas Heusler u. a., Rüstung, Kriegswirtschaft und Zwangsarbeit im Dritten Reich, München 2010, S. 220ff

Maddrignani, Luca, Ognuno muore solo, in: Mirco Carrattierei u. a, a. a. O., S. 47–62

Marßolek, Inge, Ott, René, Bremen im Dritten Reich. Anpassung, Widerstand, Verfolgung, Bremen 1986

Neitzel, Sönke, Welzer, Harald, Soldaten. Protokolle vom Kämpfen, Töten und Sterben, Frankfurt/Main 2001

De Paolis, Marco, Caccia ai nazisti, Rizzoli, Mailand 2023

Pavone, Claudio, Una guerra civile. Saggio storico sulla moralità nella Resistenza, Bollati Boringhieri, Torino 1994

Perels, Joachim, Wette, Wolfram (Hg.), Mit reinem Gewissen, Berlin 2011

Ranieri, Andrea, Mio babbo partigiano. Patriota senza nazione, Castelvecchi Roma 2020

Revelli, Nuto, Der verschollene Deutsche. Tagebuch einer Spurensuche, München 1996

Roussety, Jaqueline, Der Politiker Hans K. Filbinger und der Soldat Walter Gröger, in: Joachim Perels, Wolfram Wette (Hg.), Mit reinem Gewissen, Berlin 2011, S. 98ff

Rusconi, Gian Enrico, Woller, Hans (Hg.), Parallele Geschichte? Italien und Deutschland 1945–2000, Berlin 2006

Schminck-Gustavus, Christoph U., Bremen kaputt, Bremen 2008

Schreiber Gerhard, Deutsche Kriegsverbrechen in Italien. Täter, Opfer, Strafverfolgung, München 1996

Schwarzwälder, Herbert, Geschichte der Freien Hansestadt Bremen, Bremen 1985

Staron, Joachim: Fosse Ardeatine und Marzabotto: Deutsche Kriegsverbrechen und Resistenza. Geschichte und nationale Mythenbildung in Deutschland und Italien (1944–1999), Paderborn 2002

Thomae, Dieter, Warum Demokratien Helden brauchen. Plädoyer für einen zeitgemäßen Heroismus, Ullstein, 2019

Ueberschär, Gerd (Hg.), Orte des Grauens. Verbrechen im Zweiten Weltkrieg, Darmstadt 2003

Vincenzi, Lorenzo (Hg.), Rudolf Jacobs. Le radici della democrazia europeo, La Spezia 2004

von Lingen, Kerstin, Pirker, Peter (Hg.), Deserteure der Wehrmacht und der Waffen-SS, Paderborn 2023

Welzer Harald u. a., Opa war kein Nazi. Nationalsozialismus und Holocaust im Familiengedächtnis, Frankfurt 2002

Ders., Neitzel, Sönke, Gudehus, Christian (Hg.), Der Führer war wieder viel zu human, viel zu gefühlsvoll. Der zweite Weltkrieg aus der Sicht deutscher und italienischer Soldaten, Frankfurt 2011

Ders., Walter Reder - ein politischer Soldat im »Bandenkampf«, in: Klaus-Michael Mallmann, Gerhard Paul (Hg.), Karrieren der Gewalt. Nationalsozialistische Täterbiographien, Darmstadt 2004, S. 188–195

Wette, Wolfram, Vogel, Detlef (Hg.), Das letzte Tabu, Berlin 2007

Ders., Deserteure der Wehrmacht rehabilitiert, Zeitschrift für Geschichtswissenschaft, 52. JG, 2004, Heft 6, S. 505ff

Ders., Die Wehrmacht. Feindbilder, Vernichtungskrieg, Legenden, Frankfurt 2002

Wienberg, Annegret, Das Haus gegenüber. Eine Geschichte aus Findorff, Bremen 2014

Woller, Hans, Geschichte Italiens im 20. Jahrhundert, München 2010

Belletristik:

Andersch, Alfred, Die Kirschen der Freiheit, Diogenes, Zürich 1968 (Erstausgabe 1952)

Faccini, Luigi Monardo, l'uome che nacque morendo, Rom 2006

Fenoglio, Beppe, Eine Privatsache, Berlin 2021

Lenz, Siegfried, Der Überläufer, Hamburg 2016

Murgia, Denise, Pignatelli, Daniele, Rudolf Jacobs. Un ricordo indelibile, Rom 2008

Nooteboom, Cees, Nachts kommen die Füchse, Frankfurt 2009

Pavese, Cesare, Das Haus auf dem Hügel, Zürich 2018

Rein, Heinz, Finale Berlin, Frankfurt a. M. 2015

Schroers, Rolf, Die Feuerschwelle, Hamburg 1952

Abbildungsverzeichnis

Staatsarchiv Hamburg: S. 9 oben

Staatsarchiv Bremen: S. 11 oben, S. 12 unten, S. 13 unten, S. 19 Mitte StAB_10. B-Kartei-682_001, S. 91 unten

Bundesarchiv Berlin: S. 15 Mitte BArch R 9361-VIII KARTEI 13341106, S. 20 unten: N30/35 KS, S. 25 unten: 101I-480-2246-32, S. 27 unten: 101I-304-0624-05A, S. 33 oben: 101I-480-2230-15, S. 33 unten: 101I-470-1693-16, S. 35: 101I-316-1190-23, S. 45 101I-305-0674-02, S. 49 101I-480-2230-10A, S. 82

Bundesarchiv Freiburg: S. 31

Archivio Istituto Spezzino per la Storia della Resistenza e dell'Età Contemporanea, ISR La Spezia: S. 30 unten, S. 32, S. 43 oben, S. 44, S. 46, S. 52 unten, S. 54, S. 58, S. 59, S. 65, S. 66

Archivio I Partigiani d'Italia Roma: S. 71, S. 76: N12563P

Fotoarchiv Istoreco Reggio Emilia: S. 25 Mitte, Nr. 0523

Associazione Nazionale Partigiani d'Italia ANPI Sarzana: S. 39 oben, S. 63 Mitte, S. 75 alle, S. 79 unten, S. 96 unten

Familie Jacobs: S. 9 unten, S.12 Mitte, S.13 oben und Mitte oben, S.14 alle, S.15 unten, S.16 oben, S.18, S.19 oben, S. 20 oben, S. 21 alle, S. 22, S. 23, S. 24 links, S.27 oben, S. 43 Mitte und unten, S. 47 alle, S. 48, S.77 oben, S. 78 alle, S. 79 oben, S. 90

Familie Jacobs, bearbeitet von Klaus Buschmann: S. 10 unten, S. 11 (Mitte oben), S. 13 Mitte, S. 15 oben, S. 16 unten, S. 18 oben und unten, S. 24 rechts, S. 25 oben, S. 68, S. 80, S. 84 unten

Klaus Buschmann: S. 10 oben, S. 11 unten, S. 91 oben

Senatskanzlei Bremen, Anja Raschdorf: S. 6

Heinrich Billstein: S. 2, S. 7, S. 11 (Mitte unten), S. 37, S. 38 alle, S. 41 Mitte und unten, S. 42 alle, S. 52 oben, S. 53 alle, S. 55, S. 60, S. 61, S. 62, S. 63 oben und unten, S. 64, S. 67, S. 84 oben, S. 85, S. 89, S. 94 unten, S. 95 oben

Ulrike Petzold: S. 8, S. 12 oben, S. 17, S. 29 (alle), S. 30 oben, S. 39 Mitte und unten, S. 41 oben, S. 69, S. 77 Mitte und unten, S. 93 Mitte

Udo Sürer: S. 86, S. 87

Hermann-Böse-Gymnasium: S. 92 alle, S. 93 oben, S. 93 unten, S. 94 oben, S. 95 unten, S.96 oben und rechts

Dank

Ohne die Ehrungen für Rudolf Jacobs in Sarzana wäre ich nicht auf die Spuren des Bremer Partisanen geraten. Rudolf Jacobs junior, sein Sohn, erzählte voller Herzlichkeit über das Leben seines Vaters. Claudia Höft, seine Enkelin, vertraute mir kostbare Dokumente an. Denise Murgia, unermüdlich aktiv für ANPI Sarzana, machte mich mit Zeitzeugen bekannt, versorgte mich unermüdlich mit Hinweisen und überzeugte bei ihrem Bremen-Besuch.

Piero Guelfi, »Danilo«, wird immer in meiner Erinnerung bleiben, auch Giovanna Quadrieri, die Stafetta »Libertà«. Simonetta Lupi weihte mich in Pugliola in die Geschichte ihres Großvaters ein. Gerd Meyer war meine erste Bremer Adresse, die mich zu Jacobs führte.

Die Militärarchive, das Bremer Staatsarchiv und in Italien insbesondere das ISR La Spezia halfen bei den Recherchen, vor allem Cristina Mirabello und Claudia Bocciardi. Matthias Durchweiler vom Istoreco Reggio Emilia steuerte Fotos bei. Das wissenschaftliche Fundament fand ich vor allem bei Lutz Klinkhammer und Carlo Gentile. Carlo Greppi hat mit »Il Buon Tedesco« und seinem Bremen-Besuch inspiriert.

Patrizia Zanasi und Daniela Fantuzzi aus Marzabotto führten mich kundig durch den Gedenkort am Monte Sole.

Die Zusammenarbeit mit dem Hermann-Böse-Gymnasium, mit Christine Stangl und Louisa Lütjen und den Schülerinnen und Schülern aus der Geschichts-AG öffnet uns neue Wege zur Aufarbeitung der Geschichte. Die Schulpartnerschaft zwischen dem HBG und dem Liceo »Arzelà Parentucelli« in Sarzana belebt die deutsch-italienische Freundschaft.

Die Deutsch-Italienische Gesellschaft Bremen unterstützt engagiert das Schul- und Buch-Projekt. Isabel Klaus, Pastorin der Bremer Rembertigemeinde, entwarf die Landkarte im Einband.

Einer meiner ersten Leser war Bürgermeister a. D. Dr. Henning Scherf, der ein Vorwort beigesteuert hat. Vermittelt hat dies mit Umsicht Corinna Hoppe-Tegtmeyer.

Brigitte Schulte-Hofkrüger lektorierte mit Begeisterung und munterte mit köstlichen Keksen auf, Susanna Adam hat mit ihrer Neugier motiviert und mit digitalem Know-how alles in Form gebracht. Heinrich Billstein, mein Mann, war als Ratgeber, Lektor, Archiv-Kenner und Fotograf während des ganzen Projekts an meiner Seite.